Siegfried Brockert

Positive Psychologie

W0046851

Siegfried Brockert

Positive Psychologie

Gesund und glücklich
durch Emotionale Fitness

Kreuz

Für Heinz Brockert
für viele gute Gespräche

Die Deutsche Bibliothek – CIP-Einheitsaufnahme
Ein Titeldatensatz für diese Publikation ist bei
Der Deutschen Bibliothek erhältlich.

1   2   3   4   5   05   04   03   02   01

© 2001 Kreuz Verlag GmbH & Co. KG Stuttgart
Ein Unternehmen der Dornier Medienholding GmbH
Postfach 80 06 69, 70506 Stuttgart, Tel: 0711/78 80 30
Sie erreichen uns rund um die Uhr unter www.kreuzverlag.de.
Umschlaggestaltung: Atelier Reichert, Stuttgart
Satz: detepe, Aalen
Druck und Bindung: GGP Media, Pößneck

Die Schreibweise entspricht den Regeln der neuen Rechtschreibung.

ISBN 3 7831 1893 X

Inhalt

Positive Psychologie
Die Psychologie des 21. Jahrhunderts

Nein!
Positive Psychologie ist

- keine neue Psycho-Mode
- kein Neu-Aufguss des »positiven Denkens«
- kein neues Fast Food für die Seele.

Ganz im Gegenteil. Die Positive Psychologie will mit wissenschaftlichen Methoden erforschen, worum sich die Psychologie Jahrzehnte lang nicht gekümmert hat – die Fragen, die jeder Mensch sich stellt:

- Wie kann ich gesund und glücklich leben?
- Wie kann ich meine persönlichen Stärken entwickeln?
- Wie kann ich in Arbeit, Partnerschaft, Familie und freier Zeit Glück finden?

Es geht also um die positiven Aspekte des Lebens – deshalb der Name *Positive Psychologie*. Und das Beiwort *positiv* soll unser Fach zugleich von der Psychologie abheben, die das vergangene 20. Jahrhundert geprägt hat, die Psychotherapie, die sich auf die *negativen* Aspekte des Lebens konzentriert: auf Krisen, Krankheit und die Leiden, Fehler, Schwächen und Probleme der Menschen.

Psychotherapie ist nicht die Antwort auf die Lebensfragen des 21. Jahrhunderts. Deshalb haben zwei auch bei uns bekannte amerikanische Psychologen, der Gesundheitspsychologe Martin Seligman und der »Flow«-Forscher Mihaly Csikszentmihalyi vor einigen Jahren ein Forschungsprogramm ins Leben gerufen, das sie mit dem »Manhattan-Projekt« vergleichen. Ziel ist ein besserer Schutz vor seelischen Leiden und vor Problemen zwischen Menschen in Partnerschaft, Familie, am Arbeitsplatz und – Stichwort: Radikalismus und Gewalt – in der Gesellschaft.

Alle psychotherapeutischen Methoden greifen hier zu kurz, denn Therapie kann nur wenigen Menschen zugute kommen. Zudem beginnt Therapie erst, wenn Probleme ihre negative Wirkung bereits entfaltet haben.

Über erste hoffnungsvolle Ergebnisse dieses »Manhattan-Projekts der Psychologie« soll in diesem Buch berichtet werden – in einfacher Sprache, also nicht so, wie Friedrich Nietzsche es unserem Fach bereits vor mehr als einhundert Jahren vorgeworfen hat: »Der Psychologe sagt Dinge, die jeder weiß, in einer Sprache, die keiner versteht.«

Positive Psychologie kann wichtig werden für Studium und Beruf und für alle Menschen, die sich Ideen für ein glückliches, lebenswertes Leben von der wissenschaftlichen Psychologie erwarten – und eben nicht von Gurus, Psycho-Trainern oder Horoskop-Poeten. Ebenso für Menschen, die in Büchern aus der therapie-geleiteten Negativ-Ecke vergeblich nach Lebensfreude gesucht haben.

Psychologie hat mehr zu sagen als »Psychos« oder Psycho-Therapeuten vermitteln. Das vorliegende Buch möchte Ihnen die Psychologie des 21. Jahrhunderts nahe bringen.

München, den 30. 11. 2000   Siegfried Brockert

Teil 1

Die Psychologie entdeckt den Menschen

Beinahe ein Jahrhundert lang hat die Psychologie vor allem die negativen Seiten des Menschen erforscht, die Fehler, Schwächen und Probleme. Die Positive Psychologie wendet sich der anderen Seite der Medaille zu: den menschlichen Stärken.

Positive Psychologie praktisch: Die Menschen »bei ihren Stärken packen«

Die Positive Psychologie möchte mit wissenschaftlichen Methoden untersuchen, was ein gutes Leben ist – für den Einzelnen und für die Gesellschaft.

Nicht gesucht werden die menschlichen und gesellschaftlichen Schwachstellen für weitere Therapie-Angebote. Auch nicht gesucht werden die schnellen Wege zum schnellen Glück, die Patentrezepte, die lebensphilosophischen Quickies mit geringer Halbwertzeit wie »Jeder kriegt das, was er braucht, und wer etwas nicht kriegt, braucht es auch nicht«.

Wissenschaft ist ein mühsames Geschäft, und Fortschritt ist, wie Günter Grass einmal gesagt hat, eine Schnecke – wissenschaftlicher Fortschritt allzumal.

Schon vor Jahrzehnten hat der Psychologe Rudolf Dreikurs (»Kinder fordern uns heraus«, Klett Verlag) Eltern, Lehrern und anderen Erziehern geraten: »Catch them at being good«, sinngemäß übersetzt: »Packt die Kinder bei ihren Stärken und hört auf, Erziehung als Korrektur von Fehlern, Schwächen und Problemen anzusehen.« Das ist Positive Psychologie.

Aber immer noch – so Bundesfamilienministerin Christine Bergmann – bauen Eltern auf eine negative Pädagogik. 80 Prozent der Kinder heute geben an, eine Ohrfeige bekommen zu haben, 30 Prozent erhalten in Abständen eine Tracht Prügel. »Gewalt hat viele Gesichter«, sagt Bergmann, »man muss ein Kind nicht unbedingt schlagen, um es zu verletzen.«

»Beim Helfen glänzen auch schwierige Schüler«

Was eine positiv ausgerichtete Psychologie und eine positive Pädagogik bewirken können, zeigt ein Bericht in der Frankfurter Rundschau (6. August 2000).

»Beim Helfen glänzen auch schwierige Schüler«, heißt die

Überschrift. Und die Unterzeile zeigt, worum es einer Positiven Psychologie, Pädagogik, Sozialarbeit, Theologie, Managementlehre – viele andere Fächer können Sie hier einsetzen – geht, und welch gute Lösungen dadurch für den Einzelnen und für die Gesellschaft entstehen können: »Ein Projekt an der Friedensschule im hessischen Merkenbach versucht, Jugendliche bei ihren Stärken zu packen.« Die wichtigen Worte sind nicht »Friedensschule« und »Merkenbach«, sondern »bei ihren Stärken zu packen«.

Wurden und werden wir nicht viel zu oft bei unseren Schwächen gepackt, statt bei unseren Stärken?

Lehrer versuchen, die Schwächen ihrer Schüler zu verbessern, Eltern die Schwächen ihrer Kinder, Manager die Schwächen ihrer Mitarbeiter, und viele Theologen predigen uns, wie schwach und sündig wir sind, und hoffen, uns so ihre ganz spezielle Dienstleistung verkaufen zu können: Erlösung vom Übel.

In dem Bericht in der Frankfurter Rundschau geht es um Jugendliche in einer Zeit, in der viele junge Menschen zu Gewalt und Radikalität neigen.

Die Merkenbacher Realschüler an der Friedensschule aber betreuen, wie Christian, jüngere Kinder in einer Kindertagesstätte, »lesen den Bewohnern eines Altenheims vor, spielen mit ihnen, hören zu«, wie der Reporter, Georg Magirius, berichtet, und »sie mähen in Privathaushalten den Rasen, kaufen ein, backen Kuchen oder schauen nach Babys«.

Es sind dieselben Schüler, die bis vor kurzem ihre Lehrer gestresst hatten.

»Im Kollegium wurden die Klagen über nervende Schüler immer lauter«, sagt Schuldirektor Hartmut Tschage: »Aber wir wollten nicht ständig mit Zwang reagieren, sondern die Schüler bei ihren Stärken packen und ihre Verantwortungsbereitschaft fördern.«

Jürgen Wenzel, Sozialpädagoge aus dem nahen Dillenburg, hatte eine Idee: »Wir wollten das Klischee widerlegen, dass Jugendliche faul rumsitzen und nichts für andere tun.«

Das Projekt hat gerade jene Schüler begeistert, die »im Unterricht negativ aufgefallen waren«. Gerade sie »fingen als Helfer und Kontaktpersonen zu brillieren an«. So groß war die Begeisterung, dass bald schon mit Tausenden von Flugblättern nach weiteren Einsatzorten für die Schüler gesucht werden musste. Und Christian will sogar in den Schulferien in der Kindertagesstätte weitermachen. Warum? »Wenn ich hier rausgehe, bin ich happy drauf und denke: ›Was, ist die Zeit schon rum? Warum kann man das nicht länger machen?‹«

Wie sieht ein fröhliches, zufriedenes, sinnvolles Leben aus?

Christian und viele »negativ aufgefallene« Mitschüler in Merkenbach bei Dillenburg haben eine Antwort auf diese Frage gefunden – zumindest einige Wochen lang. Wie? Weil einige kluge Menschen nicht auf die negativen Auffälligkeiten, die Probleme, Fehler und Schwächen reagiert, sondern die Jugendlichen bei ihren Stärken gepackt haben.

Das ist der Weg einer Positiven Sozialforschung: ein langer Marsch durch die Köpfe, die Herzen und die gesellschaftlichen Institutionen mit Fortschritten im Tempo der von Günter Grass erwähnten Schnecke. Ab und zu aber lohnt es sich, in den Garten zu schauen, was die Schnecken gerade treiben.

Das Angebot der Positiven Psychologie

»Alles wird gut« ist der Wahlspruch vieler Menschen heute. Leider trifft er auf viele gesellschaftliche Bereiche nicht zu. Einige Zahlen zeigen, dass im Bereich von Glück und seelischer Gesundheit ziemlich viel eher schlecht wird:

BILDzeitung vom 29. September 2000, Seite 1, Kurzmeldung:

Kriminelle Kinder
Berlin – Unsere Kinder werden immer krimineller. Die Zahl straffälliger Kinder lag im vergangenen Jahr 86 Prozent höher als noch 1993. Der Anstieg war in Bayern mit 164 Prozent am höchsten. Das erklärte die Bundesregierung auf Anfrage der CDU/CSU-Fraktion.

Zahlen aus den USA, die in so vielen gesellschaftlichen Entwicklungen weltweit der Vorreiter sind:

- Zwischen 1985 und 1995[1]: Anstieg der Morde – ausgeübt von Jugendlichen mit Schusswaffen – um 249 % (FBI-Zahlen)
- Anteil von Jugendlichen an von der Justiz aufgeklärten Gewaltdelikten 1994[2]: 14 % Jugendlichen-Anteil bei
  – Raub: 20 %
  – Vergewaltigung: 14 %
  – Mord: 10 %
- Anteil junger Menschen zwischen 10 und 17 Jahren zwischen 1992 und 2010, wenn die bisherigen Festnahme-Raten wie bisher ansteigen[3]:
  – Raub: + 58 %
  – Vergewaltigung: + 66 %
  – Mord: + 142 %
- Selbstmord ist inzwischen die dritthöchste Todesursache unter US-Bürgern zwischen 10 und 24 Jahren[4]

- Zwischen Ende der 50-er und Ende der 90-er Jahre[5]
  - Verdoppelung der Scheidungsrate
  - Verdreifachung der Zahl der Selbstmorde bei Teenagern
  - Vervierfachung bei der Jugendkriminalität

Volkskrankheit Psychische Störungen

- 15 bis 20 % der erwachsenen US-Bürger werden irgendwann eine schwere Depression haben – etwa 50 % eine leichtere Form der Depression.[6]
- Das durchschnittliche »Einstiegsalter« in eine Depression lag früher bei etwa 30 Jahren, heute liegt es bei 15 Jahren.[7]
- Das Risiko von Frauen, depressiv zu werden, ist doppelt so hoch wie das der Männer – die gute Nachricht dabei: Frauen berichten doppelt so häufig wie Männer, zufrieden und glücklich zu sein (»happiness« – mehr darüber in Kapitel 13).
- Der Psychologe Hans-Ulrich Wittchen[8], Leiter der Abteilung Klinische Psychologie am Max-Planck-Institut für Psychiatrie in München, schätzt, dass
  - 16 Mio. Menschen in Deutschland im Laufe ihres Lebens an Angststörungen und
  - 12 Mio. an depressiven Störungen leiden werden.
  - Alkoholprobleme entwickeln bis zu 8 Mio.,
  - unter hartnäckigen Schlafstörungen leiden bis zu 6 Mio. Menschen in Deutschland.

Franz Resch[9] von der Psychiatrischen Klinik der Universität Heidelberg nennt folgende Zahlen:

- Unter Angst in ausgeprägter Form leiden heute 10 bis 15 Prozent aller Grundschulkinder und 5 bis 10 Prozent der Heranwachsenden im Alter zwischen der Pubertät und dem 18. Lebensjahr.
- Die Schulangst wächst. »Nur« 1,9 % der 8-jährigen Jungen leiden darunter, aber 6,5 % der 13-jährigen.
- Depressive Symptome finden sich bei bis zu 80 % der Kinder mit Verhaltensstörungen, bis zu 75 % der Kinder mit

Angststörungen und bis zu 55 % der Kinder mit Aufmerksamkeitsstörungen und hyperkinetischer Symptomatik.

- Einschlaf- und Durchschlafstörungen finden sich bei bis zu 40 Prozent der 1–2-jährigen Kinder (wiederum wachen etwa 40 Prozent der Kinder, die als 1-jährige schlecht durchgeschlafen haben, auch als 3-jährige nachts noch auf).
- Selbstmord ist bei Kindern in Deutschland die neunthäufigste und bei Jugendlichen die zweithäufigste Todesursache.
- Störungen des Sozialverhaltens sind die zweithäufigste psychiatrische Diagnose bei Kindern und Jugendlichen und die häufigste bei Jungen überhaupt (bis zu 4,5 % der Jungen gegenüber bis zu 1,5 % der Mädchen). Dieses dis-soziale Verhalten – häufiges Zeichen ist Aggressivität – ist über die Zeit sehr stabil. Zeigt es sich bei 3-jährigen, bleibt es bei 50 % von ihnen auch im Vorschulalter bestehen. Zeigt es sich bei 8-jährigen, bleibt es bei 50 % von ihnen auch als 18-jährige bestehen. Dissoziales Verhalten birgt das Risiko späterer Gewalt-, Alkohol- und Drogenprobleme in sich.

Die Zahl der gesellschaftlichen Probleme, die auf seelische Ursachen zurückgeführt werden können oder bei denen die Psychologie helfen kann und sollte, steigt in kaum vorstellbarer Weise.

Therapie ist nicht die Antwort

Von niemandem wird bestritten, dass Psychotherapie Erfolge hat. Immer deutlicher aber wird auch den Psychologen – Martin Seligman ist ein weltweit bekannter Depressionsforscher –, dass Psychotherapie nicht mehr die Antwort auf die Lebensfragen des 21. Jahrhunderts sein kann. Schon aus rein praktischen Gründen nicht.

Der Berufsverband Deutscher Psychologen (BDP) schätzt, dass zurzeit etwa 5 % der Menschen in Deutschland, rund vier Millionen Menschen also, therapiebedürftig sind oder sich dafür halten. Um sie zu behandeln, wären mindestens 100 000 Psychoanalytiker zusätzlich notwendig. Utopisch!

Der BDP fordert, für einige weitere Tausend Diplompsychologen die Kassenzulassung durchzusetzen – verständlich für einen Berufsinteressen-Verband, aber unrealistisch, weil unbezahlbar. Und auch 5000 weitere Psychotherapeuten wären nicht mehr als ein Tropfen auf einem heißen Stein.

Für den Einzelnen sinnvolle und für die Gesellschaft bezahlbare psychologische Hilfe kann nicht durch Therapie, sondern muss zunehmend durch Vorbeugung, durch Prävention, geleistet werden – etwa durch viele Einzelmaßnahmen wie in Merkenbach bei Dillenburg. Sie waren einfach, billig und für alle – die Jugendlichen, die von ihnen genervten Lehrer und für die vom sozialen Einsatz der jungen Menschen profitierenden Gemeinden – rundum erfreulich.

Wie hatte Christian gesagt? »Wenn ich hier rausgehe, bin ich happy drauf und denke: ›Was, ist die Zeit schon rum? Warum kann man das nicht länger machen?‹«

Christian ist an seinen starken Seiten gepackt worden. Von einsichtigen Erwachsenen – »Catch them at being good«! –, die persönlich Initiative entwickelt und Engagement gezeigt haben.

Das klingt nicht spektakulär. Aber spektakuläre Programme stiften nicht immer schon den gewünschten Nutzen.

- Psychotherapie hilft hier nicht, denn vorbeugende psychotherapeutische Maßnahmen gibt es nicht, Therapie wartet, bis ein Kind in den Brunnen gefallen ist.
- Spektakuläre Programme für »schwierige« junge Menschen hat es gegeben, Gruppenreisen in andere Erdteile eingeschlossen – sicher gern akzeptiert von den jungen Menschen und auch von den mitreisenden Begleitern …
- Law and Order gegen Gewalt wird wieder intensiver diskutiert. 12.000 neue Haftplätze bundesweit werden zurzeit geplant, Kosten: 2,8 Milliarden Mark. In einer Studie des Kriminologischen Forschungsinstituts Niedersachsen aber heißt es dazu lapidar, bereits innerhalb der Haftanstalten sei »Sicherheit und Ordnung … infolge Unübersichtlichkeit schwieriger zu gewährleisten«.[10]

Der Charme der positiv-pädagogischen Intervention in Merkenbach liegt vor allem darin, dass »die Betroffenen« selbst an den Lösungen beteiligt waren, dass die jungen Menschen also weder für sie erfreuliche Maßnahmen konsumiert haben noch repressive Maßnahmen haben hinnehmen müssen. In einem Interview zum Weltkindertag 2000[11] hat die Präsidenten-Gattin Christine Rau gesagt:

> Heute lebt die größte Kinder- und Jugendgeneration aller Zeiten auf der Erde. Auf sie kommt es an, wie sich die Zukunft gestaltet. So etwa beim Thema Konfliktlösung …
> Frage: Sollten Kinder und Jugendliche nicht eher behütet werden, da der »Ernst des Lebens« früh genug einkehrt?
> Rau: Wir unterschätzen meist, dass Kinder sehr interessiert an ihrem Umfeld sind …

In Kapitel 15 werden Sie lesen, dass »Interesse am Leben« eine wichtige menschliche Stärke ist. Und in den menschlichen Stärken sieht die Positive Psychologie einen wichtigen Baustein für ein besseres Leben und eine bessere Gesellschaft.

Die Depression-Aggression-Connection

Im September 1998 hat Martin Seligman, damals Präsident der APA, des US-Psychologenverbandes, eine Einladung in den National Press Club erhalten, eine der Säulen der amerikanischen Bürgergesellschaft.

Seligmans Thema war »Depression und Gewalt«. Einige seiner Thesen[12]:

- Als ich vor mehr als 35 Jahren begonnen habe, über Depression zu forschen, war es ein Leiden typisch für Hausfrauen in der Lebensmitte. Heute ist Depression eine Teenager-Krankheit – beginnend im Alter zwischen 14 und 15 Jahren.
- Morde an Schulen waren in den 50-er und 60-er Jahren schlicht unbekannt.
- Alle heutigen »objektiven« Sozialstatistiken über den materiellen Wohlstand der amerikanischen Jugend (siehe auch Tabelle 1 in Kapitel 6) zeigen nach oben: Mehr Kaufkraft, mehr Bücher, mehr Tonträger, mehr Ausbildung ..., aber alle Statistiken über Depression und Demoralisierung zeigen nach unten.
- Seelische Depression hängt eng zusammen mit der Volkswirtschaft und zeigt sich in hohen Fehlzeiten und geringer Produktivität, und wenn der heutige Trend nicht gestoppt wird, wird er die wirtschaftliche Stellung des Landes in 10 oder 20 Jahren unterminiert haben.

Seligman versucht eine Erklärung des Zusammenhanges zwischen Depression und Aggression. Drei Beobachtungen bringt er zusammen:

1. Die EGO-Bewegung

Unsere Ich-Wir-Relation gerät außer Balance. »Ich bin wichtig« ist der *ground beat* des heutigen Selbstverständnisses geworden.

In Deutschland ist der Aktionskünstler HA Schult 1970 mehrfach in einer Citroen-Ente von Nord- nach Süddeutschland gefahren. Wo dabei die Kunst wäre? »Ich bin das Kunstwerk«, lautet die Antwort, die in allen Museen der neuen Kunst so unübersehbar geworden ist.

Was aber passiert, wenn das übergroße ICH scheitert? Seligman: *Die älteren Generationen hatten ein sie stützendes WIR. Wie auf einer bequemen Couch fanden die Älteren Anlehnung und Geborgenheit in den traditionellen Werten, in Gott, Familie, Nation, Gemeinde und Gemeinschaft. Ein Scheitern der ICH-Generation aber ist individuelles Scheitern. Und Depression ist »bei allem Licht, das uns sehen lässt, die Krankheit des individuellen Versagens«.*

»To raise a child you need a village« (um ein Kind großzuziehen, brauchst du überschaubare dörfliche Lebensverhältnisse) hat Hillary Clinton ihr Buch über die Rückbesinnung auf traditionelle Werte genannt. Hatte sie Unrecht?

2. Die EMO-Bewegung

Ein gutes Lebensgefühl haben, einen hohen Selbstwert spüren, beschreibt den Geist unserer Zeit. Früher ging eine hohe Selbsteinschätzung einher mit einer hohen persönlichen Leistung – Leitbild war der *Selfmademan*, dem jedes Recht zugesprochen wurde, stolz auf sich zu sein. Für *good feelings* und ein hohes Selbstwertgefühl reicht es heute, Geld zu erben.

»Leistungsdruck« war das Un-Wort am Ende des vergangenen Jahrhunderts. Warum arbeiten, wenn ich durch Arbeitslosenunterstützung beinahe genau so viel Geld habe? Die gute Abitur-Note wird bewundert – gleich, ob sie durch Leistung oder durch Schummeln entstanden ist. Bewundert werden Fußballstars mit ihren durch ihre Leistung nicht gerechtfertigten überproportionalen Einkünften. Die heimlichen Helden aber sind die Profis, die ihr Geld auf der Reservebank »ersitzen«.

Versicherungsbetrug ist Volkssport Nr. 3, gleich nach Steuerbetrug und Jack-Pot-Knacken.

Angebracht sind Seligmans Überlegungen, weil sie den Einfluss der Psychologie zeigen. »Ego« und »Emo« sind psychologische Konzepte, die unser Lebensverständnis geprägt haben – nicht immer zum Guten, aber Psychologie kann auch einen guten Einfluss haben. Im Moment kann die Positive Psychologie vor allem warnen. Zum Beispiel davor, dass ein Mensch, der sich unabhängig von eigener Leistung für wichtig hält, in die Depression abgleitet, wenn das Leben ihm nicht gibt, wozu er sich berechtigt fühlt – oder in die Aggression.

Eine Arbeit des Psychologen Roy Baumeister hat nämlich gezeigt, dass alle Gewalttäter, deren seelische Strukturen erforscht worden sind, Menschen mit einem hohen Selbstwertgefühl waren – die Hitlers und Goebbels dieser Welt wie die Neo-Nazis von heute.

Ein Leichtes ist es, Tätern in psychologischen Gutachten seelische Probleme, Fehler und Schwächen zu attestieren und zum Schluss zu kommen, dass die Täter eigentlich Opfer sind (der frühkindlichen Erziehung, der Gene, von Unfällen, Krisen, Pleiten, Pech und Pannen, einer überprotektiven Mutter, eines abwesenden Vaters).

Aber macht das den durch sie verursachten Schaden geringer? Und muss eine Positive Sozialwissenschaft nicht Hilfen anbieten, bevor Schaden angerichtet wird – zum Beispiel durch Prävention, wie in Kapitel 1 geschildert? Oder durch den Aufbau von Lebensplänen auf den menschlichen Stärken. Eine der Gefahren der Selbstwert-Bewegung ist ja, dass überhaupt nicht mehr herausgefunden werden muss, wo die Stärken eines Menschen liegen.

3. Die »Es-liegt-nicht-an-mir-Bewegung«

Eine Aussage, die bei gerichtspsychologischen Gutachten das Recht, ja die Pflicht jedes Strafverteidigers ist, ist leider zur Entschuldigung für viele Fälle geworden:»Es liegt nicht an mir, ich kann nichts dafür«;

• es liegt am Alkohol, ich war so betrunken, dass ich mich nicht mehr dagegen entscheiden konnte, ins Auto zu steigen;

- meine Frau hat mich so gereizt, dass mir die Sicherungen durchgebrannt sind;
- ich komme aus so einfachen Verhältnissen, dass ich in der Schule schlechte Chancen haben muss.

Es gibt zahllose andere Beispiele dafür, wie Verantwortlichkeit für das eigene Leben durch Herausarbeiten von Ausreden untergraben wird.

Das Lady-Di-Syndrom

Warum war Lady Di so beliebt? Warum hat ihr Tod so viele Herzen berührt – viel mehr als der Tod der beinahe am selben Tag 1997 gestorbenen Mutter Teresa, einer wahren Heroin. Warum ist nicht Mutter Teresa die Queen of Hearts geworden? Seligman scheute sich auch auf dem landesweit ausgestrahlten Forum des National Press Club nicht, sich unbeliebt zu machen:

> *Diana hat jeden nur erdenklichen Fehler gemacht ... Sie war depressiv, suizidal, anorektisch, bulimisch, sie schob Verantwortung ab auf die schlechte Behandlung durch die Royals, auf die Untreue des Ehemannes. Sie war die Königin der Opfer. Das ist der Grund, warum wir sie so geliebt haben. Wir konnten sagen:* »*Sie ist wie wir.*« *Nie ist der Tod eines Menschen von mehr Menschen beweint worden.*

Aber wenn jemand sagt: »Ich bin hilflos, ich bin Opfer, andere haben es mir angetan, es gibt nichts, was ich tun kann«, dann beschreibt dieser Mensch sehr genau das Persönlichkeitsbild eines Depressiven.

Depressiv zu sein ist eines der geheimen Leitbilder unserer Zeit.

Schulmassaker – eine Erklärung für das Unerklärliche

Warum bringen Kinder andere Kinder um? Seligman nennt sieben Voraussetzungen, die solche Taten möglich machen können:

1. Nehmen Sie ein Kind mit einem bösen Charakter (siehe das Stichwort »Empathie« in Kapitel 14 – mangelnde Empathie ist die Unfähigkeit, sich in das Leiden eines anderen Menschen hineinversetzen zu können oder sich überhaupt vorstellen zu können oder zu wollen, dass ein anderer Mensch leidet, wenn ihm Leid zugefügt wird).
2. Nehmen Sie ein Kind mit einem durch eigene Leistungen nicht begründeten hohen Selbstwertgefühl (und entsprechend hohen Ansprüchen auf gute Behandlung).
3. Dieses Kind bekommt von einem Menschen gesagt, dass seine Ansprüche nicht verdient sind und nicht erfüllt werden (Beispiel: Der Mord an einem Schulleiter im Frühjahr 2000 im bayerischen Brannenburg geschah, nachdem der Täter von der Schule verwiesen worden war).
4. Dieses Kind sieht sich als Opfer (und sieht den Schulverweis nicht etwa als Folge seines eigenen Verhaltens).
5. Dieses Kind entwickelt Wut.
6. Dieses Kind wird von seinen Eltern vernachlässigt (es erhält vielleicht Zuwendungen, aber keine Zuwendung).
7. Dieses Kind hat Zugang zu Schusswaffen.

… eine Spekulation. Aber wer hat eine bessere Erklärung anzubieten? Oder gar eine, aus der Maßnahmen folgen, die Gewalttaten wie in Brannenburg oder an der Columbine High School verhindern?

Das eingeengte Denken

Aus therapeutischer Arbeit mit depressiven Menschen ist bekannt, dass ihr Denken und ihr Verhalten stark eingeschränkt sind. Die Gedanken eines solchen Patienten kreisen zum Beispiel über Stunden und Tage um ein Thema wie:

>*Ich bin zu klein, ein kleiner Mann bekommt keine Frau, Frauen lieben große Männer, weil ich nie eine Frau finde, hat mein Leben keinen Wert, ich kann mich genau so gut umbringen, denn ich bin zu klein, ein kleiner Mann … « und so weiter.*

Es sind die Windmühlen im Kopf, die windmills in your mind, die sich unaufhörlich drehen. Und sie drehen sich oft auch unabhängig vom Wahrheitsgehalt der Gedanken – der eben erwähnte Patient war zum Beispiel exakt so groß wie der durchschnittliche Mann. Ähnlich im Verhalten. Aus den tausend und mehr Varianten seines Verhaltens-Repertoires wählt ein depressiver Mensch nur einige wenige aus.

Solche Einschränkungen im Denken und Tun sind eine charakteristische Wirkung aller negativen Emotionen (siehe die Arbeiten der Psychologin Barbara Fredrickson, Kapitel 15). Die hohe Vorhersagbarkeit von Denken, Worten und Verhalten sind ebenfalls ein Kennzeichen von unglücklichen Ehepaaren (siehe Kapitel 23).

Bei aggressiven Menschen ist es nicht anders. Der windmühlenhaft wiederkehrende Duktus von »die Ausländer nehmen mir meine Chancen, deshalb muss ich sie bekämpfen« geht parallel mit rassistischen Handlungen. Stark vorsehbares Denken und Verhalten ist somit ein Krisenzeichen, das der Mensch selbst an sich beobachten kann – vor allem aber können es die Menschen in seinem Umfeld.

Der Mensch ohne Maß und Mitte wird aggressiv oder depressiv

Wir leben in einer Selbstverwöhn-Gesellschaft. Statt Leistung: Konsum. Anstelle von Werten: »Das bin ich mir wert.«
Begonnen hat es mit einem radikalen Wertewandel vor 50 Jahren. In der Zeit nach dem Zweiten Weltkrieg hatte die US-Wirtschaft ein sehr spezielles Problem[13]: Wie kann man die boomende Nachkriegswirtschaft vor einem Kollaps durch Kauf-Unlust bewahren? Wie verkauft man dem amerikanischen Consumer den zweiten Kühlschrank und das dritte Auto?
Und da es kaum rationale Gründe für den Kauf des Zweitkühlschranks und des Drittwagens gibt, musste der Mensch zum Konsum verführt werden – am kritischen Bewusstsein vorbei.

Es trat ein Psychologe aus Wien auf, nein, nicht Freud, aber ein Freudschüler, Ernst (in den USA Ernest) Dichter, Begründer des »motivational research«.

Und Dichter, nicht etwa Freud, war der vielleicht einflussreichste Psychologe des 20. Jahrhunderts. »Motivational research« hat die Wirtschaftswelt revolutioniert, die Wirtschaftsordnung ist zunehmend zur eigentlichen Gesellschaftsordnung geworden, und sie schickt sich an – Stichwort »Globalisierung« –, zur Weltordnung zu werden.

Die bescheidenen Anfänge lagen darin, dass Dichter an der Ladenkasse (Point of Sale) nutzbar machte, was Freud der Analytiker-Couch, dem Point of Soul, zugedacht hatte. Dichter hatte sich gesagt, dass nicht nur der Mensch als solcher, sondern auch der Mensch als Kunde und Käufer Gefühle hat: Angst, Lust, Gier, Neid und eigentlich alle anderen »Todsünden« (siehe Kapitel 24), die den Wirtschafts-Weisen bis dahin als Kaufmotive verborgen geblieben waren. Dichter erkannte:

Kaufentscheidungen entstehen in der seelischen Unterwelt, in den von Sigmund Freud so dramatisch beschriebenen unbewussten Schichten der Seele, also dort, wo Egoismus pur und unkontrollierte Gefühle herrschen:

• Wunsch nach Reichtum
• nach Macht
• nach Sex (Werbung zeigt heute Bilder, für die man früher einen Groschen bezahlen musste, um sie auf dem Schulhof ansehen zu dürfen)
• verwöhnt werden/sich durch Produkte selbst verwöhnen
• Narzissmus (»weil ich es mir wert bin«)
• Träume vom besseren Leben
• Feindseligkeiten
• Appelle an die Angst-Lust (Beispiel: Events für High Sensation Seekers – etwa die Marlboro-Abenteuer-Reisen)
• Abbau von Angst- und Schuld-Gefühlen beim Kauf oder Konsum (»Ich rauche gern«).

Also zielte das schöne neue Marketing aufs Unbewuss-

24

te: »Massen-Psychoanalyse« sollte die Consumer-Kampagnen lenken. Käufer folgen ihren Trieben, die Wähler werden wie Pawlows Hunde konditioniert, und die Hausfrauen, zitiert Vance Packard, der Chronist dieser Entwicklung, in seinem Buch »Die geheimen Verführer« eine der vielen Motivations-Studien der 50-er Jahre, schweben in »hypnoidaler Trance« durch den Supermarkt – so erklärte man sich damals das Entstehen von Spontankäufen.

Es traten die »depth boys« – abgeleitet von »depth psychology«, Tiefenpsychologie –, auf, die Tiefsee(len)-Taucher, die Cousteaus der Warenströme. Sie setzten Wissen und Schein-Wissen der Psychoanalytiker in Anleitungen zu Spontankäufen um.

- Die Quengelware wurde damals entdeckt, all das Zeug, das den Kauftrieb von Kindern weckt, während die Mutter an der Ladenkasse wartet. Kinder kaufen noch spontaner als Mütter, fanden die seelischen Tiefseetaucher.

- Und bevor Leser (männlich) jetzt glauben, dass sie die Lordsiegelbewahrer der rationalen Traditionen des Abendlandes sind: Die »depth boys« fanden auch, dass die am leichtesten zu verführenden Gefühls- und Impuls-Käufer die Männer sind. Leider kaufen sie viel zu selten ein.

Die »depth boys« empfahlen deshalb, die Werbung auch für Männer-Produkte gleich auf die Frauen abzustimmen: Bier und Bourbon, Zigaretten und sogar Zigarren.

- Die Farben wurden entdeckt. Wo neue Technik die Autos des Vorjahres nicht alt aussehen lassen konnte, sollten neue Farben dies bewirken.

»Psychologische Obsoletheit« wurde in die Autos und in viele andere Produkte eingebaut.

- Wenig später folgten die Formen. Die Autos wurden immer größer und immer schwerer zu parken. Aber die »depth boys« argumentierten: »Je mehr Blech, desto sicherer.«

Sie hatten den von Sigmund Freud beschriebenen seelischen Mechanismus der Rationalisierung für sich entdeckt: dem kritischen Bewusstsein klare Argumente liefern und zugleich das Unterbewusstsein füttern.

So wuchs der Ford Lincoln Continental in den 50-er Jahren in die Größenordnung hinein, die wir heute »Limousine« nennen – völlig überflüssig, völlig unhandlich, aber jeder schaut hin. Sogar der Preis wurde als Verkaufsargument neu entdeckt, allerdings nicht der Preis-Vorteil, sondern der Preis-Nachteil. Billig war »out«. Teuer war »in«. Schaut her, Nachbarn, was ich mir leisten kann. Ich habe den Größten. Aus dem Penis-Neid wurde der Finanzpotenz-Neid.

Wer Packard heute liest, fühlt sich immer noch vielfach ertappt.

- Warum kaufen Frauen im Supermarkt 35 Prozent mehr, als sie eigentlich vorgehabt haben? Weil Package Design den Blick wie magisch anzieht – da war sie wieder, die »hypnoidale Trance«, ausgelöst durch Signalfarben, vor allem rot und gelb.

- Warum lieben Kinder Cerealien, die knistern und krachen? Weil sie so ungestraft Aggressionen ausleben können.

- Warum kaufen die meisten Frauen Kleider, die sie eigentlich gar nicht mögen? Weil ihr Bewusstsein durch die geheimen Verführer in der VOGUE-Redaktion manipuliert worden ist.

- Und warum fürchten sich so viele von uns »unbewusst« vor den Banken? Weil Banker puritanische Strenge ausstrahlen und uns wie Sünder behandeln.

Dem von rationalen Überlegungen zerknirschten Consumer setzten die Motiv-Forscher, Ernest Dichter an erster Stelle, den narzisstischen Verbraucher entgegen. Die Lust am Konsum wurde gepredigt, Status-Symbole wurden an die »upward strivers« verkauft. Und sogar das Claudia Schiffer in den Mund gelegte Werbewort »weil ich es mir wert bin« kommt bei Packard schon vor.

Das Ende der Pleiten-Pech-und-Pannen-Psychologie

Positive Psychologie ist keine neue Psycho-Mode in unserem mit Moden so oft geschlagenen Fach. Beispiele für solche Moden sind

- Bert Hellinger – früher war es Arthur »Urschrei« Janov
- NLP – früher waren es Bioenergetik, Rolfing, Postural Integration
- Immer noch sind es Coming out, Gefühle zeigen, Selbstverwirklichung, Gurus, Psychosekten, »Herzerweiterungsdroge« (das gehirnschädigende Ecstacy), Hexenrituale und Siegertypen-Lyrik
- Feuerlaufen, Tausendmarkscheine an die Umkleidekabine heften, Motivations-Genies mit Tagessätzen von 40.000 Mark anheuern – und mit Bayer Leverkusen doch nicht deutscher Fußballmeister werden ...[14]

... die Liste der Psycho-Moden füllt Bände und Kassen und leert oft genug die Kranken-Kassen – etwa durch Psychoanalysen, deren Heilkraft auch ein Jahrhundert nach Erscheinen von Sigmund Freuds Best- und Longseller »Traumdeutung« im Jahr 1900 noch nicht hinreichend erwiesen ist.

»Es kommt auf den Therapeuten an, nicht auf die Methode«, lautet der Therapieforschung letzter Schluss. Nur führt der Erwerb des Titels »Psychoanalytiker« direkt zur Kassenzulassung, obwohl es nicht auf die Methode, sondern auf den Therapeuten ankommt.

Gleich, welche Moden in der Psychologie angesagt sind. Eins scheint bisher unverrückbar festzustehen: Psychologie ist für die Mühseligen und Beladenen.

Entsprechend wird für Psychologie als Dienstleistung geworben.

Werbung für Dienstleistungen, sagte einer der Nestoren der Betriebspsychologie, der amerikanische Professor Frederick

Herzberg, folgt einer Logik, auf die bereits die Propheten des Alten Testaments vertraut haben: »You have to preach sin if you want to sell salvation« (du musst die Sünde predigen, wenn du Erlösung verkaufen willst). Und so predigen

- die Propheten über die Sünden der Menschen, damit die Sünder Einkehr halten, Buße tun und die Lehre des Propheten annehmen;
- die Börsen-Propheten über die Sünden der Aktienkäufer, um ihr Angebot mit den Superrenditen zu verkaufen;
- die Autolackverkäufer in der Fußgängerzone über die Sünden der Autobesitzer, die ihr »Heilix Blechle« vom Rost zerfressen lassen, um ihnen Autolack zu verkaufen.

Die Erfolgsformel aller Propheten lautet: »Du bist unwissend. Ich weiß.« »Du lebst in Sünde. Ich nicht.« »Du brauchst Erlösung. Ich gebe sie dir.«

Und nach dieser Formel predigen auch viele Psychologen und verkaufen so ihre wichtigste Dienstleistung: Therapie und Beratung.

Der Hallenser Psychotherapeut Jochen Maatz hat zum Beispiel nach der Wende aufgrund der Sünden der DDR-Erziehung gemeint, dass eigentlich jeder Ostdeutsche erst einmal auf die Couch gehöre. Vermutlich hatte Maatz nicht einmal völlig Unrecht. Er hätte seine Forderung nur auf alle Deutschen, auf alle Menschen überhaupt, erweitern sollen, denn irgendwie leben wir (Stadtneurotiker) alle in der psychologischen Sünde. Wir alle kennen Krisen und Probleme, und alle Menschen haben Schwächen und Fehler.

Und so begleitet uns das Dienstleistungsangebot der therapie-orientierten Psychologie von der Wiege bis zur Bahre, von der frühen Kindheit (Erziehungsberatung) zur Schule (schulpsychologische Beratung), zur Partnerschaft (Eheberatung, Familientherapie), in der Ausbildung (Eignungstests und Berufsberatung), am Arbeitsplatz (Hilfen bei Mobbing und Bossing), auf dem Weg nach oben (Personalförderung), beim Autofahren (»Idiotentest« und Führerschein-Training), bei Unfällen und in Notlagen (Krisenintervention). Und bei seelischen, psychosomatischen und vielen körperli-

chen Leiden von der Kindheitsneurose bis zur Trichotillo-
manie (Zwang, sich die Haare auszureißen) stehen Psychotherapeuten und Berater mit ihrem Dienstleistungsangebot
bei Fuß.

»Chemie ist, wenn es stinkt und knallt« Psychologie ist, wenn es einem stinkt, wenn einer einen Knall hat, oder wenn es im Leben knallt

Psychologie ist, wenn man Hilfe braucht. Psychologie ist für
die Mühseligen und Beladenen. Psychologie tritt auf den Plan,
wenn es um die negativen Aspekte des Lebens geht – und deren Auswirkungen will der Psychologe auf »Normal-Null«
bringen.

Bei Therapie und Beratung hat die Psychologie herausragende Erfolge erzielt. Viele seelische Leiden sind behandel-
bar geworden. Beispiel: Angst.

Etwa jeder fünfte Mensch wird im Lauf seines Lebens von
einer Angststörung betroffen. Angst ist damit die am weitesten verbreitete psychische Krankheit, so ein Standard-
werk, »Das Große Handbuch der seelischen Gesundheit«,
herausgegeben von der Psychiatrischen Abteilung der Co-
lumbia University in New York (deutscher Herausgeber:
Hans-Ulrich Wittchen, Leiter Klinische Psychologie am
Max Planck Institut für Psychiatrie in München). Angststörungen haben aber auch die beste Heilungs-Prognose: 80
Prozent der Angst-Patienten kann mit einer Verhaltenstherapie (und/oder medikamentös) geholfen werden.

Der Kongress ... weint

Mit Therapie und Beratung verdienen die meisten Psychologen ihren Lebensunterhalt – rund 80 Prozent der Mitglieder
des Berufsverbandes Deutscher Psychologen – und akquirie-
ren Forscher an Universitäten den Großteil der Forschungsgelder. Auch für Psychologen gilt sinngemäß, was Eugen Roth
über Ärzte gesagt hat:

Was bringt den Doktor um sein Brot
a) die Gesundheit, b) der Tod.
So hält er uns, auf dass er lebe,
zwischen beiden in der Schwebe.

Auf der Jahrestagung 1999 der APA, der US-Psychologen-Vereinigung – im Grunde vergleichbar mit einem Vatikanischen Konzil –, hat Seligman gefordert, dass mehr Woman- und Manpower und mehr Forschungsgelder in die Erforschung der – neben der Therapie – anderen beiden wichtigen psychologischen Dienstleistungen investiert werden: in die Förderung der Stärken und Talente des Menschen und in die Schaffung eines besseren, erfreulicheren Lebens für den Einzelnen – und die Gesellschaft, denn bei der weiten Verbreitung seelischer und gesellschaftlicher Krisen und Leiden kann Therapie und Beratung nur eine Art Tropfen auf den heißen Stein sein. Die Menschen selbst müssen befähigt werden, seelische Probleme zu vermeiden.

Diese Rede hat einige Psychologen zu Tränen gerührt – sehr unakademisch: Psychologen zeigen selbst Gefühl. Seligman hatte ausgesprochen, was viele Psychologen seit langem fühlen: Eine Neuorientierung des Faches ist gefordert. Positive, aber streng wissenschaftliche Psychologie.

Seligman, Mihaly Csikszentmihalyi[15] und andere herausragende Forscher möchten eine Psychologie schaffen, die sich stärker um die positiven Aspekte kümmert. Und diese Forschungsrichtung soll lebenspraktische Erkenntnisse liefern. Sie greift eine Forderung des amerikanischen Lernpsychologen George A. Miller aus den 60-er Jahren auf, »give psychology away« – sinngemäß übersetzt: Bildet nicht nur Experten und psychologische Dienstleister aus, sondern gebt die Psychologie an die Endverbraucher weiter – und zwar gratis. Anders ausgedrückt:

• Die Psychologie möge »ihre eigene Medizin schlucken« und selbst tun, was sie den Medizinern mühsam über Jahrzehnte nahe gebracht hat, nämlich nicht mehr nur Probleme, Fehler, Mängel und Schwächen zu behandeln, sondern stärker auf Selbst-Heilungskräfte und auf Selbst-Vorbeugungskräfte, auf Prävention, setzen.

• Das heißt dann aber auch in der Praxis: wo immer möglich Abschied nehmen vom »medizinischen Modell« – davon also, dass ein Patient sein Leiden in die Sprechstunde bringt und dort von einem Experten behandelt wird.

50 Jahre und länger haben die Psychologen um die Gleichstellung mit den Ärzten gekämpft. Und Ende der 90-er Jahre haben einige Tausend einen Erfolg errungen: die Kassenzulassung.

Aber was nutzen einige und noch einige psychologische »Hans Dampfs in allen Kassen« der Bevölkerung? Jeder weiß, dass seelische Leiden so weit verbreitet sind, dass ihnen mit Psychotherapie nicht beizukommen ist.

Der bezahlbare Weg zur Gesundheit führt über eine andere Richtung der modernen Psychologie, die Gesundheitspsychologie, die im Sinne der und in Kooperation mit der WHO an Prävention statt an Therapie arbeitet – auf allen Gebieten der Gesundheit.[16]

Was wissen Psychologen von einem lebenswerten Leben?

Spätestens seit dem Zweiten Weltkrieg ist Psychologie eine Wissenschaft des Heilens geworden. Sie konzentriert sich darauf, Schäden zu reparieren und macht dies innerhalb des Bildes eines Menschen, bei dem Krankheit und Leiden im Mittelpunkt stehen. Seligman: »Wir wissen heute ziemlich viel darüber, wie Menschen unter negativen Lebensbedingungen überleben und zurechtkommen. Wenig aber wissen Psychologen darüber, wie normale Menschen unter etwas günstigeren Lebensumständen aufblühen.«

Kein Wunder.

In der psychologischen Fachliteratur der vergangenen dreißig Jahre gibt es (Stand 1998 – über Datenbanken leicht herauszufinden) 54.040 Beiträge allein unter dem Stichwort »Depression« und 41.416 unter dem Stichwort »Angst«. Aber, sagt Seligman, bei den beiden anderen wichtigen Aufgaben hat die Psychologie fünfzig Jahre lang schlicht ihre Hausaufgaben nicht gemacht. Es sind

- Zeigen, wie Menschen Begabungen und Talente entwickeln können, und
- Zeigen, was ein gutes, glückliches Leben bedeutet.

Auch hierzu die entsprechende Zahl aus der Datenbank: Unter dem Stichwort »Freude« finden sich im selben 30-Jahres-Zeitraum nur 415 Forschungsarbeiten – genau 95.041 weniger als über Angst und Depression.

Die bisherige wissenschaftliche Psychologie: »not so hot«

An jeder Straßenecke findet man heute einen Therapeuten, der helfen kann, aus einer schlechten Ehe eine normal funktionierende Ehe oder aus einem Menschen mit Problemen einen normal funktionierenden Menschen zu machen, sagt Seligman. Und Mihaly Csikszentmihalyi ergänzt ketzerisch: ... Für die meisten Menschen ist ein normales Leben, eine normale Ehe *not so hot.*

Wissenschaftliche Psychologie und Psychotherapie haben bisher weitgehend vor der Aufgabe versagt zu erforschen, was ein gutes, glückliches Leben ist, und wie es erreicht werden kann. Sie waren sich vermutlich zu fein, sich mit Fragen nach Freude und Zufriedenheit abzugeben. Diese positiven Emotionen sind von der Forschung im Maßstab 95.456 zu 415 »nicht einmal ignoriert« worden. Negative Emotionen hingegen – Angst oder Depression – wurden für die Realität des Menschen, die *conditio humana,* gehalten.

Warum?

Einer der Gründe, so Seligman, war, dass mit der Behandlung seelischen Leids ganz praktisch Geld zu verdienen war, und dass Wissenschaftler für die Erforschung der Schattenseiten des Lebens sehr viel leichter Stipendien und andere Mittel erhalten haben. Der Big Spender weltweit in diesem Geschäft ist das amerikanische NIMH, das National Institute of Mental Health, das pro Jahr fast eine Milliarde Dollar für die Erforschung eben nicht dessen, was seelisch gesund macht, zur Verfügung stellt, sondern für das, was seelisch krank macht: menschliche Fehler, Mängel und Probleme. Nur etwa fünf Prozent der NIMH-Gelder werden darin investiert, die gesund erhaltenden positiven Aspekte des Lebens, die menschlichen Stärken, die positiven Emotionen und für die Prävention von persönlichem und gesellschaftlichem Leid wichtige Eigenschaften wie Liebe oder Altruismus (Nächstenliebe) zu erforschen. Das möchte die Positive Psychologie ändern. Weltweit.

Nicht mehr im Seelensumpf wühlen

Gerade weil die wissenschaftliche Psychologie ihren Forscherschweiß etwa im Verhältnis 99:1 für die Erforschung seelischen Leids verwendet, nennt Seligman sich und seine Kollegen »muck raker« – ein Wort aus der amerikanischen politischen Diskussion, das im 19. Jahrhundert geprägt worden ist.

Die *muckraker* waren Politiker, die im Sumpf (»muck«) gewühlt haben, die den Menschen als leidend, als Opfer der Umstände hingestellt haben. Und die dann Programme zur Besserung der Umstände anboten – ein Ansatz, der vieler, aber nicht aller Ehren wert ist, wie ein Blick auf die Psychologie zeigt.

Der Psychologe, der den Menschen im Kern als leidend, als Opfer der Umstände, der Gene, der frühkindlichen Prägungen, der falschen Erziehung etc., etc. ansieht, bietet ebenfalls ein Programm an. Es heißt: Beratung oder Psychotherapie. Mit Therapeuten aber ist dem menschlichen Leid nicht beizukommen. Der Weg muss – und in der Medizin zum Beispiel ist dies bereits ein Gemeinplatz geworden – in starkem Maße Prävention mit einschließen, die Frage also: Wie kann verhindert werden, dass das Kind in den Brunnen fällt? Wie kann seelisches Leid verhindert werden, bevor es seine negativen Wirkungen entfaltet:

• Gewalt gegen Frauen, Kinder, Andersdenkende und »anders« Liebende
• Hass, der zu Krieg und Völkermord führt, aber zum Beispiel auch zu

- Ehescheidungen, die überflüssig sind – mit ihrem vielen Leid für Frauen, Männer und Kinder.

  Seriöse Forschungen in den USA und seriöse Forscher auch bei uns halten etwa 70 Prozent aller heute ausgesprochenen Scheidungen für überflüssig,

  a) weil diese Paare aufgrund von Problemen auseinander gehen, mit denen andere Paare gut fertig werden, und

  b) weil es erwiesenermaßen Anti-Trennungs-und-Scheidungs-Prävention gibt.

Die Psychologie sollte

- die Vision eines guten Lebens formulieren,
- die durch empirische Forschung abgesichert ist
- und die gleichzeitig für jedermann verständlich und damit attraktiv ist.
- Sie sollte zeigen, welche Verhaltensweisen zu »well-being« führen und so
- Menschen hervorbringen, die die positiven Seiten des Menschseins Wirklichkeit werden und
- Gemeinden erblühen lassen.

Die Psychologie sollte in der Lage sein zu dokumentieren,

- welche Arten von Familien Kinder hervorbringen, denen es gut geht,
- welche Arten von Arbeits-Welten zur größten Zufriedenheit der Arbeitenden führen,
- welche Art von Politik zum stärksten Engagement der Bürger beiträgt – also:
- wie das Leben der Menschen wirklich lebenswert wird.

Diese Aufgaben hat sich die Positive Psychologie ins Lastenheft geschrieben. »Mensch, werde wesentlich«, hat Friedrich Nietzsche gesagt. Die Positive Psychologie möchte es auf die Wissenschaft vom Menschen übertragen: Psychologie werde wesentlich.

Das aber erfordert ein Umdenken – nicht nur bei Fachleuten und Berufsverbandsfunktionären. Es heißt: Abschied nehmen von einem Denken in psychotherapeutischen Kategorien, das im vergangenen Jahrhundert ja nicht nur die Behandlung seelisch oder psychosomatisch Leidender geprägt hat, sondern auch das Bild des Menschen insgesamt und allgemein.

Der Mensch des 20. Jahrhunderts hat sich oft als leidend, als Opfer gesehen – Opfer der Politik, der gesellschaftlichen Verhältnisse, der Familie, der Erziehung, der Gene, der Geschlechterverhältnisse: Alles richtig, alles wahr, aber nur die halbe Wahrheit, weil meist nur die eine Seite der Medaille betrachtet worden ist. Und halbe Wahrheiten sind oft ganze Unwahrheiten, wie ein Blick auf die sozialpolitische Praxis zeigt:

- Beispiel: **Jugend und Rechtsradikalismus.** Dieses Problem wird in weiten Kreisen als Folge fehlender beruflicher Perspektiven und Chancen begriffen. »Legt ein weiteres Sozialprogramm auf, schafft mehr Jobs, und das Problem ist gelöst«, lautet dann das Patentrezept. So weit, so richtig. Unerklärt aber bleibt, warum viele junge Menschen trotz fehlender beruflicher Perspektiven und Chancen nicht rechtsradikal werden. Wir wissen es nicht. Die Human- und Sozialwissenschaften haben es nicht ausreichend erforscht. Und die Medien berichten darüber kaum, weil auch sie auf die negativen Aspekte des Lebens, auf Krisen, Leiden, Fehler, Schwächen und Probleme fixiert sind, statt auf zentrale Lebensthemen wie Glück, Gesundheit, Liebe einzugehen.
- Beispiel: **Gewaltdelikte.** In bester Absicht und gestützt auf wissenschaftliche Studien wird zum Beispiel im September 2000 in der Kampagne des Bundesfamilienministeriums gegen Gewalt in der Erziehung gesagt: »Wer Schläge einsteckt, wird Schläge austeilen.« Nicht falsch – und schon gar nicht falsch als Mahnung zur gewaltfreien Erziehung, die heute oft als Erziehung vor allem der Jungen nach »weiblichen Werten« propagiert wird und bei der sprachliche Konfliktlösungen an die Stelle von »körpersprachlichen« treten sollen.
  Unerklärt aber bleibt, warum viele Kindergarten-Raufbolde zu Gewalt ablehnenden Jugendlichen und liebevollen, fürsorglichen Vätern und Partnern werden.
- Beispiel: **Scheidungen.** Woran Ehen zerbrechen, ist zumindest den meisten Experten bekannt (siehe Kapitel 23).

Weitgehend unbekannt aber ist, dass es Prävention, Anti-Scheidungs-Prävention, gibt.

- Beispiel: **Depressivität.** Eine Epidemie des 20. Jahrhunderts, von der zunehmend auch Jugendliche und Kinder betroffen werden.

  Weitgehend unbekannt ist vielen, dass es auch hier wirkungsvolle Prävention gibt, ein Optimismus-Training basierend auf den Informationen in Kapitel 17.

Positive Psychologie will die menschlichen Stärken genauer erforschen und somit leisten, was die therapeutische Psychologie nicht ausreichend erforscht hat:

- Unsere Fähigkeit, Krankheiten zu vermeiden – rein seelische, psychosomatische und sogar körperliche.
- Unsere Fähigkeit, Krisen zu vermeiden, damit menschliches Leid nicht so stark anwächst, dass es keine andere Hilfe mehr gibt als Psychotherapie. Ehekrisen zum Beispiel, unter denen heute in Deutschland viele Millionen Frauen und Männer, die sich einmal sehr gut leiden konnten, nur noch leiden – und ihre Kinder ebenfalls.
- Unsere Talente und Begabungen – und wie sie gefördert werden können, damit das Leben erfreulicher und interessanter wird: Kreativität, Optimismus, Selbstheilungskräfte und Humor zum Beispiel.
- Und vor allem: die »Ziviltugenden«, die ein Leben im 21. Jahrhundert lebenswert machen können, wie Verantwortung, Pflege, Altruismus, Zivilcourage, Toleranz und eine neue Einstellung zur Arbeit, deren wesentliches Ziel nicht mehr der Gelderwerb ist, sondern die Freude an dem, was der Mensch tut.

Das Angebot der Positiven Psychologie an den Einzelnen heißt:

Wo immer nötig, zwar immer noch Beratung und Therapie. Wo immer möglich, aber Prävention und Selbsthilfe.

Darüber hinaus macht die Positive Psychologie der Gesellschaft ein neues Angebot:

Therapeutisches Denken hat im vergangenen Jahrhundert ja nicht nur die Behandlung seelisch und psychosomatisch

Leidender geprägt, sondern auch das Bild des Menschen insgesamt und allgemein.

Von der Positiven Psychologie profitieren wird zuerst einmal die Psychotherapie selbst, die sich den wirklich schweren Fällen widmen kann: den »Kindern, die bereits in den Brunnen gefallen sind« und die manchmal ihr Leben lang versuchen müssen, sich seelisch über Wasser zu halten.

Profitieren aber werden auch alle Menschen, die Lebensorientierung und Lebenssinn suchen und sich zurzeit vor allem noch an die »Pop-Psychologie« wenden.

Die Lüge der Ratgeber

Mal grau, mal grell-bunt ist das Angebot an Psychologie in den Buchhandlungen.

Bücher, die von Wissenschaftlern – also von unser aller Steuergeld bezahlten Psychologen – für den ganz normalen Steuerzahler geschrieben worden sind, sind immer noch eine Rarität. Das Feld des prallen Lebens gehört den Küchenpsychologen, den Siegertyp-Lyrikern, den indischen und nicht so indischen Gurus, der x-ten Auflage und dem x-ten Aufguss der seelischen Erweckungsliteratur von Dale Carnegie.

Eso, Ego, Emo ist der eine Strang der Psychologie. Der zweite sind Ratgeber aus der therapeutischen Ecke mit Negativ-Themen über Fehler, Schwächen und Probleme – gleichsam wie Rum aus Flensburg, auf Trinkstärke herabgesetzt und dann dem größeren Publikum verabreicht. Stress, Mobbing, Depression, Angst, Einsamkeit, Trennung und Scheidung, Sucht und Ko-Abhängigkeit sind die Themen, aber wer allein die Tipps der populärpsychologischen Stress-Ratgeber befolgen wollte, käme vor lauter Stress zu sonst nichts im Leben.

Beide Literaturen – die Ratgeber wie die Erweckungsbücher – haben einen kleinen »Mangel«: Was in der Therapie-Situation hilfreich ist, muss nicht unbedingt in verdünnter Form im Privatgebrauch helfen. Und die Erweckungsliteratur – positives Denken und andere Psycho-Moden oder »Eso-Ratgeber« – ist durch Forschung kaum berührt.

Viele Rat-Geber sind nicht wirklich glaubwürdig. Ihre Lüge liegt darin, dass manchmal behauptet und meist unterstellt wird, man könne sich selbst, seine Lebensumstände und damit auch die Menschen im Umfeld durch den eigenen Willen und durch Umdenken ändern.

Fakt ist, dass die meisten Persönlichkeitsprägungen in der frühen Kindheit festgelegt werden – wenn sie nicht gar vererbt werden – und dann selbst in jahrelangen Psychoanalysen nicht geändert werden können.

Die Erfolge der »Psychos« resultieren vermutlich daher, dass sie denjenigen, die schon »Power« haben, noch mehr davon geben. Sie geben also Bestätigung, schaffen aber keine Veränderung, weshalb sie gerade den Menschen, die Power dringend nötig haben, nichts nützen.

Was helfen schüchternen, gestressten oder depressiv gestimmten Menschen Tipps wie »mach dich locker«, »nimm's leicht«, »wenn du es wirklich willst, kannst du es auch«, »Sei du selbst«, »Zeig' deine Gefühle«?

Wer gestresst ist, kann sich nicht einfach locker machen. Wem Depressivität die Lebenskraft nimmt, der kann nicht einfach etwas anderes wollen. Und deshalb werden durch solche Tipps bei vielen Menschen Stress und Trauer eher größer als kleiner, denn alles klingt ja so einfach und plausibel. »Warum kann ich es nicht?«

»Zeig deine positiven Seiten« ist der bessere Rat. Freude, Zufriedenheit und Interesse am Leben – auch am Leben des Partners, des Kindes, der Familie, der Freunde, der Kollegen, der Nachbarn – sind Beispiele. Andere Beispiele sind – und sie umreißen das Arbeitsprogramm der Positiven Psychologie:

- Hoffnung und Optimismus
- die Fähigkeit zu lieben
- die Fähigkeit zu verzeihen
- Mut
- gute Umgangsformen
- Sensibilität für die Kunst und die anderen schönen Dinge des Lebens
- Talente und hohe Begabungen
- Durchhaltevermögen
- Kreativität und Originalität
- Religion und Spiritualität
- Weisheit und Moral und Bürgertugenden wie
- Freundschaft
- Verantwortung
- Pflege

- Nächstenliebe
- und Toleranz.

Das Ende der psychologischen Bescheidenheit

Es geht also um die positiven Aspekte des Menschen, nicht um die menschlichen Schwächen, sondern um die menschlichen Stärken. Sie kommen dem Einzelnen, der Familie, Ehe und Partnerschaft und zugleich der Gesellschaft zugute – ein weitgehend brach liegendes Potenzial.

Dieses zu erforschen, kann die Psychologie wichtig machen. Was es hier an Wissen gibt, wird zurzeit zusammengetragen. Neue Forschungsarbeiten – mit zweistelligen Millionenbeträgen finanziert, die Seligman und Kollegen seit 1998 auf Grund ihres Konzeptes erhalten haben – sind auf den Weg gebracht worden.

Irgendwann einmal wird es How-to-Books geben (»How to win friends and influence people«), die etwas ändern, weil sie auf wissenschaftlicher Erforschung der positiven Seiten des Lebens basieren. Das jedenfalls ist auch eines der Ziele der *Positiven Psychologie*.

Wir Menschen sind doch recht selbstlos. Nur deshalb akzeptieren wir die bisher bescheidenen Ergebnisse einer positiven humanwissenschaftlichen Forschung. Die Menschheit ist heute zwar in der Lage,

- das Erbgut zu entschlüsseln,
- Menschen auf den Mond zu schießen und sie dort vor laufenden Fernsehkameras Kängurusprünge vollführen zu lassen, die weltweit ausgestrahlt werden,
- aus Großbanken noch größere Banken und
- aus einem Studienabbrecher und Garagenbastler innerhalb von 20 Jahren den reichsten Menschen der Welt zu machen.

Was wir aber nicht können, ist, einen normalen Schnupfen zu verhindern oder einem normalen Mann zu zeigen, wie er seine Frau einen Abend lang so amüsiert, dass für die beiden die Menschheitsfrage »Warum Frauen zu wenig Liebe und Männer zu wenig Sex bekommen« an diesem Abend keine Rolle spielt. Auch zu solchen Themen trägt die Positive Psychologie Wissen zusammen.

Andere Fragen, auf die die Positive Psychologie eine Antwort sucht, sind:

- Wie wachsen Kinder so auf, dass ihre besten Seiten gefördert und ihre Talente entwickelt werden?
- Welche Art von Arbeit führt zu Zufriedenheit und Lebensfreude?
- Wie sieht eine Schule, ein Stadtviertel, eine Gemeinde, ein Land aus, in dem es weniger Gewalt gibt?

Wir ertrinken in einem Überfluss an Psycho-Rat. Aber der macht uns nicht glücklicher. Lebenshilfe aus der Therapie-Ecke zeigt, wie wir normal-angepasst und symptomfrei »funktionieren«. So wird Unglück zwar eingedämmt, aber fehlendes Unglück ist noch kein Glück. Freud hat über seelische Gesundheit etwa kaum mehr gesagt als »arbeitsfähig« und »liebesfähig« (also »nicht-impotent« bzw. »nicht-frigide«).

Zwar hat die **Humanistische Psychologie** eine Art positiver Psychologie formuliert (Rogers, Maslow und viele andere), aber sie ist nicht ausreichend durch Forschung abgesichert. Deshalb haben einige ihrer Adepten mit dafür gesorgt, dass sich die Ideologie einer falsch verstandenen »*Selbstverwirklichung*« durchsetzen konnte. Stichworte dazu sind: »Ich-Generation«, »New Age«, »Esoterik«, »Urschrei« und einhundert andere Therapieangebote ohne wissenschaftliche Basis. Gepredigt wird ein ungezügelter Liberalismus: »Anything goes«, alles geht – aber keiner weiß, wohin.

Weniger Freud. Mehr Freude

Die Psychotherapie hat das Denken von Experten und »Laien« (sprich: Menschen) ein Jahrhundert lang stark geprägt.

Am Anfang war Freud. Sigmund Freud war Arzt. Als solcher fokussierte er seine Psychologie auf die Fehler, Probleme, Leiden und Schwächen der Menschen, die zu behandeln, zu therapieren wären.

Ähnliches geschieht aber leider auch im Privatleben. Wir

41

sehen am Partner, an Kindern, Kollegen und letztlich an allen Menschen und auch an uns selbst häufig die Mängel, die zu beheben sind, und eben nicht die positiven Seiten, auf die sich ein glückliches Leben und Zusammenleben gründen kann. Auf Freude etwa. Und nicht auf Kritik und Menschenverbesserung. Die Ehe, hat Martin Walser einmal gesagt, ist, als wenn zwei Chirurgen aneinander herumoperieren. Lebensfreude entsteht in dieser Form der normalen Ehe nicht.

Auch die Psycho-Tipps und Psycho-Themen, mit denen Leserinnen und Leser seit Jahr und Tag regelrecht zugeschüttet worden sind, enthalten viel psychologisches Operationsbesteck. »Sei du selbst«, »Zeig' deine Gefühle«! Gut gemeint. Sicher. Aber es sind Botschaften mit einem *double bind*, was heißt: Sie nehmen das, was sie fordern, zugleich auch zurück. Ähnlich wie die Aufforderung »Reiß' dich zusammen, und lass' locker«.

»Sei du selbst« ist ein Koan, im Zen eine Aufforderung zur letzten Weisheit, die es zu ergründen, erleben, erfahren gilt. Lebenslang. In unserem Denken aber ist sie ein Paradox – oder wissen Sie, wie und wer Sie selbst sind? Ich weiß es nicht, weiß aber, dass ich zu verschiedenen Zeiten und in verschiedenen Situationen nicht derselbe bin. Und wenn meine Frau mir sagen würde: »Zeig' deine Gefühle«, und mein Gefühl wäre, dass ich am liebsten sofort mit ihr hinter der Ladenkasse ... dann wäre ich »ich selbst« nur dann, wenn auch sie in gleicher Weise »sie selbst« wäre.

Das Leben ist eben komplizierter als die oft angebotenen Lösungen. Warum zeigen Männer keine Gefühle? Dieses Thema gehört seit langem zu den Top Ten aller Psycho-Hitlisten (die Antwort steht in Kapitel 13).

Zu viel Ratgeberitis

Selbst wenn aller Psycho-Rat edel, hilfreich und gut wäre, müsste noch geklärt werden, wie ein Mensch das in sein Leben hineinpacken sollte, was an gutem Rat auf dem Markt ist. Wer allein all das Gute tun wollte, was in Stress-Ratgebern über Stress gesagt wird, bräuchte wohl einen 36-Stunden-Tag.

Das eigentliche Problem aber ist, dass wir nicht wissen, ob etwas für uns gut ist – oder nur gut klingt. Hier fehlt es an guter, alter, simpler wissenschaftlicher Forschung –, und damit befasst sich nun die Positive Psychologie. Es ist Zeit, aus all dem Guten – und dazu gehören sicher auch die 95.456 Arbeiten über Angst und Depression – das Beste herauszufiltern.

Die Erwartung der Menschen an Psycho-Trainings und Psycho-Therapie ist meist zu groß. Viele Menschen glauben, ein Coach, ein Guru oder ein Therapeut könne ihr Leben völlig umkrempeln – vom Negativen zum Positiven. Und als ein neuer Mensch werde ihnen alles gelingen, was ihnen bisher versagt worden ist.

Ziel der therapeutischen Arbeit aber ist nicht der neue Mensch, sondern vielmehr, die verschütteten positiven Seiten eines Menschen freizulegen, also: herauszuarbeiten, was schon vorhanden ist. Ähnlich ist es mit den »Goldenen Lebensregeln«. Besonders deutlich wird dies am Beispiel des so genannten »positiven Denkens«. Wer es empfiehlt, landet manchmal einen Treffer. Meist aber geht der Schuss daneben.

Positives Denken: An ihren Früchtchen sollt ihr sie erkennen

Hart ins Gericht geht der amerikanische Psychologe Donald Meyer[17] mit dem Positiven Denken. In Positiv-Denkern von Mary Baker Eddy (Begründerin der »Christlichen Wissenschaft«) bis Norman Vincent Peale sieht er Vorläufer der heutigen Religiösen Rechten mit einer Botschaft à la »Du musst deinen Geist reinigen, das böse Denken lassen, und dann wird sich Gottes Reichtum über dich ergießen«.

Meyer fand bei den Predigern des Positiven Denkens das für dieses Tableau Übliche: Verehrung eines uneingeschränkten Materialismus, Kapitalismus und Liberalismus, bei gleichzeitiger Ablehnung von »Katholiken, Frauen, Minderheiten, Angehörigen der Unterschicht, Intellektuellen, Homosexuellen« und selbst der Regierung, der Sympathie für all diese Gruppen unterstellt wird.

Psychologie, Therapie, Trainings, Ratgeber und Erweckungsbücher können den Menschen nicht ändern. Hier hilft nur
Prävention. Prävention aber heißt:

• Menschen müssen ihre Talente fördern, die sie für ein
glückliches Leben mit auf die Welt bringen (körperliche,
geistige, seelische und soziale Talente). Menschliche und
mit-menschliche Hochbegabung muss gefördert werden.
Menschen müssen wissen, wie sie aus einem normal funktionierenden Leben (das zu erreichen, ist das Ziel der Psychotherapie) ein schönes Leben machen können.

• Zugleich muss das Wissen über eine Welt, in der es sich
lohnt zu leben, bekannt gemacht werden.

Teil 2

Was soll das schlechte Leben?

Drei Glücks-Strategien folgen viele Menschen – so weit die Zeugnisse zurückreichen: mehr Geld, mehr Sex und mehr »Power«: Durchsetzungsfähigkeit, Selbstbewusstheit und Macht über andere Menschen – egoistische Motive. Die Positive Psychologie kann hier ein Jahrtausend-Missverständnis aufklären. Glück wird nicht durch ein Größer, Höher, Weiter, Schneller erreicht. Es ist nicht »im Maximum« zu finden, sondern im »Optimum«. In der »Rückkehr zum menschlichen Maß«.

Macht Geld glücklich?
Oder unglücklich?

Nicht alle Menschen sind gleich, aber fast alle Menschen teilen den Glauben: mehr Geld, mehr Glück. Und wer sich selbst nicht für klüger hält als fast alle Menschen, wird sich sagen: »Einen Zusammenhang zwischen Geld und einem fröhlichen, zufriedenen, glücklichen Leben muss es geben.« Aber wie stark ist er?

Darüber müssen sich zum Beispiel Eltern klar werden. Sollen sie ihre Kinder zur Genügsamkeit oder zu Materialisten erziehen? Arbeitgeber müssen sich darüber klar werden, ob sie für mehr Geld und Gehalt mehr Motivation und bessere Leistung bekommen. Und Arbeitnehmer müssen sich darüber klar werden, wie viel Lebensfreude sie bekommen, wenn sie mehr Geld verdienen.

Das sind wichtige Fragen, weil sie auf Jahre und Jahrzehnte hinaus Lebenspläne festlegen.

Was es an wissenschaftlicher Forschung zur Beantwortung dieser Fragen gibt, kann an Arbeiten des Psychologen David G. Myers[18] dargestellt werden. Und da es bei Geld um Zahlen geht, lohnt es sich, die Zahlen in den Tabellen 1 und 2 genauer zu betrachten.

Mehr Geld, mehr Glück? Das Beispiel der USA

Links und von unten nach oben in Tabelle 1 stehen Einkommensgrößen – das Jahres-Durchschnitts-Einkommen der US-Bevölkerung. Dieses Einkommen lag nie unter 8000 Dollar.

Unten in Tabelle 1 stehen Jahreszahlen von 1956 bis 1998 – also über einen 43-Jahres-Zeitraum. Etwas mehr als 8000 Dollar betrug das Jahres-Durchschnitts-Einkommen der US-Bevölkerung im Jahr 1956, und dann ging es steil bergauf, bis auf mehr als 20000 Dollar im Jahr 1998.

Die Dollar sind übrigens »Kaufkraft-bereinigt« – soll heißen: Der Wert des Dollar aus dem Jahr 1995 ist hier zu
Grunde gelegt worden, also das, was man 1995 für einen
Dollar kaufen konnte. Und dann ist für jedes Jahr berech-
net worden, wie hoch das Jahres-Durchschnitts-Einkommen entsprechend der 1995-er Kaufkraft anzusetzen
wäre.
1998 hatte die US-Bevölkerung also im Durchschnitt
etwa 20.200 Dollar bar oder bargeldlos im Portemonnaie
– gegenüber den etwa 8.500 Dollar des Jahres 1956 war es
»Kaufkraft-bereinigt« etwa das Zwei-Komma-Vier-Fa-
che an Geld.

Tabelle 1: *Has Economic Growth Advanced Human
Morale?*

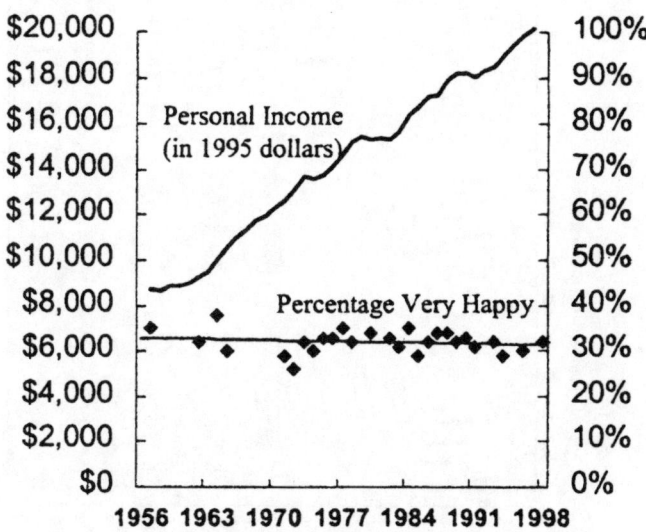

Quelle: American Psychologist 1/2000.

47

Waren Joe und Mary damit auch glücklicher?
Auch das ist aus amerikanischen Sozial-Statistiken ables-
bar. Die Punkte, die beinahe auf einer Linie liegen, zeigen, welcher Prozentsatz der US-Bevölkerung sich zwischen 1956 und 1998 in Umfragen als »very happy«
bezeichnete. Ergebnis: Es waren immer nur wenig über
30 Prozent – und wenn man genau hinschaut, fällt die Linie sogar etwas ab.

Mehr Geld, mehr Glück? Die »Welt-Werte-Studie«

Gegeneinander gezeichnet ist in Tabelle 2 auf der Abszis-
se (die Linie ganz unten) das Bruttosozialprodukt geteilt
durch die Bevölkerungszahl des jeweiligen Landes. Beispiel: Für Länder wie Indien, Nigeria und China ergibt
sich hier ein Wert von beinahe Null Dollar, für die USA
ein Wert von etwa 22 500 Dollar und für Japan etwa

Tabelle 2: *National Wealth and Well-Being*

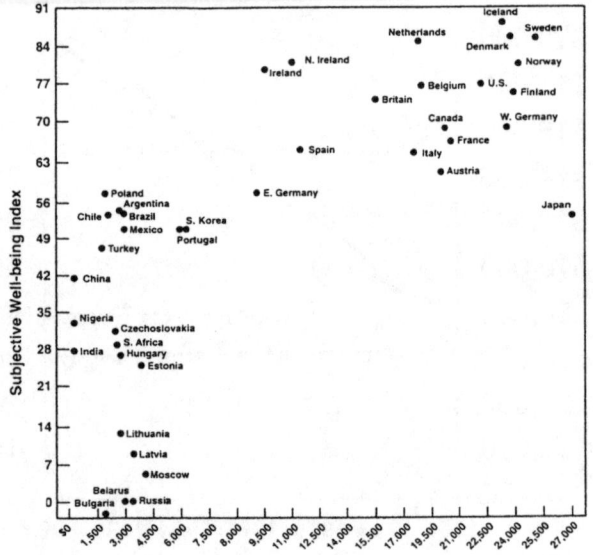

Quelle: American Psychologist 1/2000.

27 500 Dollar. Die Inder also waren 1991 die Ärmsten der Armen und die Japaner die Reichsten der Reichen.

Von unten nach oben, auf der Ordinate also, ist ein anderer Wert eingezeichnet, der diese beiden Länder einander sehr viel näher bringt: ein »Index des subjektiven Wohlbefindens«. Befragt wurden die Bevölkerungen aller Länder, die in der Tabelle wiederzufinden sind, wie sie sich und ihr Leben persönlich einschätzen, zum Beispiel als

- very happy
- happy
- not very happy
- unhappy.

Dann wurden für jedes Land und jede dieser vier Selbsteinstufungen Durchschnittswerte gebildet, die Werte für »very happy« und »happy« wurden zusammengezählt und davon wurde die Summe aus »not very happy« und »unhappy« abgezogen. So ergab sich für jedes Land der »Index des subjektiven Wohlbefindens« – die Zahlen stammen aus dem Buch Culture Shift in Advanced Industrial Society (1997) des Sozialforschers Robert Inglehardt, Princeton University.

Was sagen die Zahlen?

Die Tabelle von links nach rechts gelesen gibt einen kompakten Überblick über Arme und Reiche. Indien-Nigeria-China sind die ärmsten Länder. Dann folgt eine Gruppe mit vielen Staaten des ehemaligen Ostblocks (Bulgarien, Polen etwa), aber auch mit Südafrika, Argentinien, Brasilien und Mexiko, und auch das EU-Mitglied Portugal liegt in dieser Region – und damit deutlich unter dem Pro-Kopf-Anteil am Bruttosozialprodukt der DDR. Und Westdeutschland lag bei diesem Wert mit etwa 22 000 Dollar mehr als doppelt so hoch wie die DDR (etwa 9500 Dollar).

Tabelle 1 fasst also zwei wichtige Sozial-Statistiken zusammen – zwar aus den USA, aber hier (wie in beinahe allen Wissenschaften) stützen wir uns gerne auf US-Daten. »Amerika, du hast es besser«, hat der größte Geheimrat aller Zeiten einmal gesagt; vielleicht irrte Goethe hier, aber zumindest gilt der Satz: »Amerika, du hast es früher«, und weltweit laufen wir der Super-Global-Großmacht wirtschaftlich, aber auch geistig-seelisch, nach. Von Amerika lernen heißt – manchmal – siegen lernen und sehr viel öfter: Fehler vermeiden lernen.

Das persönliche Einkommen – so ist in Tabelle 1 zu lesen – ist in den USA zwischen 1956 und 1998 um mehr als den Faktor 2 gestiegen. Das persönliche Gefühl von Happiness aber ist gleich geblieben. Das Brutto-Sozial-Produkt hängt also nicht mit dem Brutto-Glücks-Produkt zusammen – jedenfalls nicht in der Weise, dass man sagen könnte: Mehr Geld bringt mehr Glück.

Lassen sich aus solchen Statistiken Schlüsse für die eigene Lebensführung ziehen? Entscheiden Sie selbst:

Wie ist es bei Ihnen persönlich? Stellen Sie sich einmal selbst die Frage: Vor zehn Jahren hatte ich so-und-so-viel Geld und war (wie immer gemessen) so-und-so fröhlich und mit dem Leben zufrieden. Und heute?

Ähnliche Denkhilfen bieten die Zahlen in Tabelle 2, veröffentlicht von der Weltbank: die World-Values-Survey (»Welt-Werte-Umfrage«) aus dem Jahr 1990–1991. Kurz nach der Wende lag der Pro-Kopf-Anteil am Bruttosozialprodukt in der DDR bei etwa 9500 Dollar. Die Wirtschaft der DDR war – in Parenthese gesprochen: sehr zur Überraschung vieler Westdeutscher – sehr viel leistungsfähiger als die mancher westlichen Länder. Aber der Pro-Kopf-Anteil am Bruttosozialprodukt in Westdeutschland war höher, er lag bei etwa 22 000 Dollar – mehr als doppelt so hoch also als in der DDR.

Waren die Wessis auch doppelt so glücklich wie die Ossis? Dazu muss man Tabelle 2 von unten nach oben lesen. Der »Index des subjektiven Wohlbefindens« zeigt: Nein.

Zwar waren die Westdeutschen subjektiv zufriedener (Index-Wert von etwa 68 gegenüber etwa 58), aber dieser Unterschied ist nicht sehr aussagekräftig, denn die Ostdeutschen waren subjektiv mit ihrem Leben fast genau so happy wie die sehr viel reicheren – und den in den Lebensbedingungen mit den Westdeutschen gut vergleichbaren – Österreicher. Auf der anderen Seite waren die DDR-Bürger kaum glücklicher und zufriedener als die sehr viel ärmeren Polen und Argentinier.

Natürlich hängen Geld und Happiness zusammen

Wenn man das Niveau Ost-Deutschlands als Trennlinie nimmt, liegen unterhalb dieser Happiness-Wasserscheide fast nur die wirklich armen Länder und oberhalb keines der wirklich reichen Länder – mit der bedeutenden Ausnahme Japans, damals weltweit reichstes Land, in dem Geld tatsächlich kaum glücklich zu machen scheint.

Auch aus dieser Statistik lassen sich Schlüsse für persönliche Lebensentscheidungen ziehen:

- In großer Armut zu leben, macht unglücklich.
- Wichtig ist eine gesicherte Grundversorgung mit dem für das Leben Notwendigen, wie es in der DDR nicht nur gegeben, sondern sogar garantiert war.
- Materieller Überfluss aber ist für das subjektive Wohlbefinden, für Lebenszufriedenheit also, nicht so wichtig, wie das Beispiel Japans zeigt.

Persönliche Konsequenzen für die drei am Anfang des Kapitels genannten Gruppen – Eltern, Arbeitgeber und Arbeitnehmer – aus den bisherigen Überlegungen:

- Eltern sollten ihre Kinder so weit zum »Materialismus« erziehen, dass die nächste Generation den Wert des Geldes richtig einschätzt und den Willen entwickelt, für das Lebensnotwendige auch etwas zu leisten. Eltern sollten das Geld aber nicht zum Maßstab des Glücks erklären – einige gute Gründe dafür finden sie in dem Kasten über Kaufsucht in diesem Kapitel.
- Arbeitgeber sollten die Einkommen ihrer Angestellten so gestalten, dass Geld »außer Diskussion« ist, sie sollten sich aber von mehr Geld nicht mehr Motivation und mehr Leistung erwarten.

• Und wer für das liebe Geld arbeiten muss, ist klug beraten, sich durch mehr Geld nicht mehr Glück zu erwarten. Und das nicht nur, weil der Finanzminister sowieso das Meiste vom Bruttoeinkommen bekommt.

Die Skala der materiellen Bedürfnisse ist nach oben offen

Den »seelischen Mechanismus«, der uns nach immer mehr verlangen lässt und uns den möglichen Abschied aus dem »Reich der Notwendigkeiten« so schwer macht, hat der in Kapitel 4 erwähnte Betriebspsychologe Frederick Herzberg bereits vor Jahrzehnten beschrieben.[19]

Herzberg hat sich intensiv mit der Frage beschäftigt, ob mehr Geld im Arbeitsleben zu mehr Motivation führt. Beispiel: Ein Mensch denkt:

• 3000 Mark netto im Monat reichen gerade aus für das Notwendige. Aber 500 Mark mehr – das wäre der Unterschied zwischen Überleben und Leben und würde bedeuten: größere Wohnung, besseres Auto, schönerer Urlaub.

• Der Mensch bekommt die 500 Mark mehr, seine Selbsteinschätzung war richtig: Ein Hochgefühl wegen seiner erweiterten Lebensmöglichkeiten schlägt sich nieder auf seine Einstellung zur Arbeit allgemein. Er wird am Arbeitsplatz zufriedener.

• Einige Monate vergehen. Das neue Gehalt erscheint nicht mehr als neu, sondern als selbstverständlich. Als neu hingegen erscheinen Dinge, die im inzwischen erreichten Einkommensrahmen leider immer noch nicht erreichbar sind, Champagner statt Prosecco zum Beispiel. Die Folge: Das neue Gehalt reicht erneut »gerade mal zum Überleben«, so stellt es sich ihm jetzt dar.

Auf der Basis dieses Einkommens geht das Leben »gerade mal plus-minus-null« auf. Der »Null-Punkt« ist also von 3000 auf 3500 Mark eskaliert, daher der etwas komplizierte Name für einen einfachen Gedankengang, dessen Auswirkungen auf unsere Kernfrage (»Wie führe ich ein fröhliches Leben?«) aber gar nicht überschätzt werden können.

Wer seine Lebenszufriedenheit ans Geld koppelt – egal wie viel Geld er hat –, gerät in die Falle des »eskalierenden Nullpunktes«, verpflichtet sich auf eine Arbeitsbiografie, in der Klagen den Vorrang vor Zufriedenheit haben werden: »Je mehr er hat, je mehr er will, nie schweigen seine Klagen still« – ein Leben des »Was er will, das hat er nicht, und was er hat, das will er nicht«. Die Skala der subjektiven Bedürfnisse ist nämlich wie die Richter-Skala: Beide sind nach oben offen.

Wie die »Positiven Psychologen« Jahrzehnte nach ihm, trennt Herzberg zwischen

1. menschlichen Stärken, aus denen Zufriedenheit folgt, wenn sie in die Arbeit eingebracht werden, und

2. den allzu menschlichen Schwächen und Bedürfnissen, die rund um die Arbeit herum ebenfalls wirksam werden: Bedürfnisse nach Geld und immer mehr Geld, nach Kontakt, Anerkennung, Bequemlichkeit – ohne Beifall von der falschen Seite zu erbitten, sind genau dies die Themen, um die von gewerkschaftlicher Seite am intensivsten gerungen wird. Herzbergs einfache Forschung und Meinung hierzu besagt:

- Nur eine vernünftige Arbeit kann zur Arbeit motivieren – ähnlich sagt es Mihaly Csikszentmihalyi in seiner »Flow«-Konzeption.
- Motivation kann weder durch mehr Geld noch durch mehr Urlaub, mehr Freizeit, besseres Kantinenessen, einen Firmenwagen – und was die Phantasie sonst noch hergibt – erreicht werden.

Wieder als Frage an Ihre persönliche Erfahrung gestellt: Wann und warum haben Sie mit Freuden gearbeitet? Als Sie einen Job mit einer hohen, aber für Sie erreichbaren Herausforderung bekommen haben? Oder als das Kantinenessen billiger geworden ist?

Pflicht des Arbeitgebers ist es, für ordentliche Arbeit zu sorgen – und die Randbedingungen der Arbeit so zu regeln, dass sie aus der Diskussion herausgehalten werden und außen vor bleiben. Beispiel Geld: Das Streben nach immer mehr ist vermutlich evolutionär in uns angelegt (siehe Kapitel 10). Gier war in Zeiten unserer Ur-Ur-Ahnen, die Zeiten der Unsicherheit und des Mangels waren, ein höchst sinnvoller Überlebensmechanismus. Heute aber gibt es Wertvolleres als den Unterschied zwischen 2,9 und 3,1 Prozent Gehaltserhöhung.

Die wahren Bedürfnisse und die Warenbedürfnisse

Interessieren Sie Erklärungen? Viele Menschen kennen heute die Bedürfnis-Pyramide des amerikanischen Humanisten und Psychologen Abraham Maslow.

Die Maslow-Pyramide der menschlichen Bedürfnisse

Der amerikanische Psychologe Abraham Maslow hat mit der »Maslow-Pyramide« eine Ordnung der menschlichen Bedürfnisse geschaffen. Danach entwickelt sich der Mensch in fünf Stufen von einem

- Lebewesen mit rein animalischen Bedürfnissen (Stufe 1) zu einem Lebewesen,
- das auf Stufe 2 Sicherheit sucht,
- auf Stufe 3 dann Zugehörigkeit zu und Geborgenheit bei anderen Menschen und
- auf Stufe 4 schließlich Achtung und Anerkennung.
- Erst auf Stufe 5 ist der Mensch ein autonomes Wesen, das »sich selbst lebt« und Selbstverwirklichung sucht.

Bis auf die vierte Stufe hinauf besteht, so Maslow, das Streben des Menschen darin, immer wieder auftretende Mängel, Fehler, Schwächen und Probleme ständig aufs Neue auszugleichen. Dabei ist der Mensch – wie Abraham Maslow uns sieht – in der Befriedigung seiner Bedürfnisse abhängig von anderen Menschen. Und erst auf Stufe 5 erreichen wir das wahre Mensch-Sein: Das Ziel des Menschen ist, »sich selbst zu leben«, das heißt seine spezifischen Fähigkeiten, Talente und Willensvorstellungen real werden zu lassen.

Maslow spricht deshalb von »self realization«, und in dem Wort »Realisation« steckt sowohl Erkennen der eigenen Stärken und Talente als eben auch das »Realisieren«, das »Zur-Wirkung-Bringen«, das »In-die-Realität-Umsetzen«.

Die deutsche Übersetzung von »self realization« (»Selbstverwirklichung«) hat inzwischen leider mehr und mehr den Gleichklang mit »Selbst-Befriedigung« angenommen: Sei spontan; lebe aus dem Bauch heraus; tu das, was für dich gut ist; »das bin ich mir wert«.

Der humanistische Geist dieser Pyramide der Bedürfnisse ist deutlich zu erkennen. In der Befriedigung seiner Grundbedürfnisse ist der Mensch abhängig von anderen Menschen oder auch von der Gesellschaft – weil wir, wenn wir geboren werden oder weil wir selbst nicht dazu in der Lage sind, andere brauchen, um uns

- (auf Stufe 1) vor Hunger, Durst und Kälte oder zu großer Hitze zu schützen,
- (auf Stufe 2) vor körperlichen Gefahren zu schützen;
- (auf Stufe 3) seelische Geborgenheit zu erhalten;
- (auf Stufe 4) das Lebens-Elixier »Anerkennung« zu verschaffen, das uns vor Isolation und Vereinsamung schützt, weil Menschen uns das Gefühl geben: »Du zählst, denn du bist nicht austauschbar.«
- Erst dann erwächst der Mensch (auf Stufe 5) zur Blüte.

Maslows Denken entspricht hier übrigens im Kern dem der Positiven Psychologie, obwohl die Arbeiten Maslows Jahrzehnte alt sind. Genau so deutlich aber wird der Unterschied zur Positiven Psychologie, der nachfolgend kurz erklärt werden soll.

Irrtümer mancher sozial und humanistisch denkender Menschen

Alle sozialen und humanistischen Bewegungen – auch die, die auf Karl Marx zurückgehen, der in den USA zur Zeit eine Renaissance erlebt (bei dem Versuch, die Auswirkungen des globalisierten Kapitalismus zu verstehen, nicht bei dem Versuch, eine Alternative zu formulieren) – haben sich das »Mehr« auf ihre Fahnen geschrieben. Marx' Wort, dass der Mensch aus dem »Reich der Notwendigkeiten« ins »Reich der Freiheit« zu führen sei, deckt sich mit dem Übergang von den ersten vier Stufen der Maslow'schen Bedürfnis-Pyramide auf die fünfte.

Ein gedanklicher Fehler aber ist Maslow und Marx schon früh und mit Recht vorgeworfen worden: der eigene Glaube an die gleichsam Natur-Notwendigkeit ihrer Lehre. Maslow hat sein Modell des menschlichen Glücks nicht aus empirischer Forschung gewonnen und nicht wissenschaftlich-empirisch überprüft. So hat er dadurch Verwirrung gestiftet, dass er Menschen danach charakterisiert hat, welches Niveau sie auf seiner Pyramide erreicht hatten.

Grundüberlegung: Wer Stufe X nicht erreicht hat, kann Stufe X+1 nicht erreichen, wer seine physiologischen Bedürfnisse (Stufe 1: Hunger, Durst etc.) nicht befriedigt hat, wird sich um Zugehörigkeit zu oder Lob und Liebe von Menschen nicht kümmern (Stufe 3). »Erst kommt das Fressen, dann kommt die Moral«, hat Bertolt Brecht gesagt.

Diese Grundannahme ist aber offensichtlich falsch. Sie spricht nämlich nicht nur den Menschen unterhalb von Stufe 5 menschliche Stärke und damit das wahre Mensch-Sein ab, sondern erklärt sie zu Opfern (siehe Kapitel 11), zu Geworfenen, zum Spielball der Mächte und der Mächtigen.

Selbst-Verwirklichung ist aber auf allen Stufen des Daseins möglich (wenn das physische Überleben garantiert ist). Dafür spricht der hungernde Künstler, der sein Werk in Armut und Isolation von anderen Menschen vollendet, van Gogh etwa, der zeitlebens gern auch nur ein Promille von dem gehabt hätte, was seine Bilder heute auf dem hypertrophen Kunstmarkt einbringen.

Und ebenso tun viele Menschen »den Deubel« und begeben sich eben nicht – obwohl sie es könnten – aus dem »Reich der Notwendigkeiten« ins »Reich der Freiheit«, ins »Reich der self realization«. Sie entscheiden sich für noch mehr Geld statt für mehr Lebensfreude.

Viele Menschen schuften lieber eine Stunde mehr am Tag, um sich ein größeres Auto leisten zu können, als diese eine Stunde mit ihren Kindern zu spielen und sich von deren Unbefangenheit, Charme und Lebensfreude inspirieren zu lassen, obwohl in dem Bibelwort »Wenn ihr nicht werdet wie die Kinder, werdet ihr das Himmelreich nicht erben« viel praktischer Sinn liegt – etwa für die Suche nach dem Himmel auf Erden, den man auf einem Spaziergang mit den Kindern schneller findet, als wenn man sie mit 250 PS in ein entlegenes Urlaubsziel karrt.

Von der Konsum- zur Kauf-Gesellschaft

Unsere Gesellschaft wird gern als Konsumgesellschaft bezeichnet. »Geld-Gesellschaft« und »Kauf-Gesellschaft« wäre vermutlich der bessere Ausdruck, weil sich das Geld, und vor allem das Plastik-Geld, in seiner Wirkung auf den Menschen beinahe schon verselbstständigt hat. »Konsum« klingt ja nach »Genießen des Gekauften«, aber darum geht es vielen Menschen heute schon gar nicht mehr. Wichtiger ist der Akt des Kaufens selbst. Umfassende Forschung hierzu hat der Ludwigshafener Professor für Wirtschaftspsychologie, Gerhard Raab, geleistet.[20]

In dem von einer Bank und einem Warenhaus-Unternehmen geförderten Feldversuch durfte eine repräsentativ zusammengestellte Gruppe von mehr als 100 Kunden nach eigener Entscheidung in einem Kaufhaus einkaufen. Dass sie von Raab und seinen Mitarbeitern dabei überwacht wurden und dass jeder Kauf genau registriert wurde, war für sie nicht durchschaubar. Ergebnis dieses »Kaufhausspiels«:
• Die Gruppe, die mit zur Verfügung gestelltem Bargeld eingekauft hatte, gab im Durchschnitt 1095 Mark aus.

- Die durchschnittlichen Ausgaben der Karten-Käufer lagen bei 1723 Mark – fast 60 Prozent mehr als die der Bargeld-Zahler.

Raab hatte zudem auf beide Gruppen zwei verschiedene »Einkaufs-Typen« verteilt: normale Käufer mit guter Selbstkontrolle beim Geldausgeben und Käufer mit wenig Selbstkontrolle.

- Normale Käufer kauften im Durchschnitt nur für 972 Mark ein.
- »Unkontrollierte« Käufer kauften für beinahe das Doppelte: für 1846 Mark.

Raab warnt vor der verführerischen Kraft des »Plastik-Geldes«. Er hat die Versuchs-Teilnehmer nach dem Experiment nämlich befragt, ob sie sich der Höhe ihrer Geldausgaben bewusst waren. Überraschendes Ergebnis:

Die Karten-Käufer fühlten sich subjektiv fast genau so sicher wie die Bargeldkäufer, ihre Geldausgaben unter Kontrolle zu haben. Raab: Tatsächlich aber – das zeigt die Höhe der Geldausgaben – erzeugen »kartengestützte Zahlungssysteme« nur die Illusion der Ausgabenkontrolle.

Ich kaufe, also bin ich

Zahlreiche Menschen geben Geld nicht etwa aus, um sich an den gekauften Waren und Dienstleistungen zu freuen. Statt dessen gibt ihnen das Einkaufen, das Geldausgeben selbst also, Gefühle persönlicher Befriedigung. Kaufen kann zur Sucht werden – genau wie Glücksspiel, Drogen-Konsum oder Arbeits-Sucht.

Besonders anfällig für Kauf-Sucht sind, so Raab, Menschen mit einem niedrigen Selbstwert-Gefühl und »innerer Leere«. Dagegen kämpfen sie durch Geldausgeben an. Bei jedem Einkauf können sie nämlich an der Ladenkasse demonstrieren: »Ich bin wer, denn ich habe ja Geld.«

Dies verleitet zum Geldausgeben und sogar zum Schuldenmachen. Inzwischen sind, sagen Verbraucherzentralen, mehr als zwei Millionen Deutsche so stark überschuldet, dass sie vermutlich nie mehr ihre Konten ausgleichen können. Und auch einige Banken und Warenhaus-Unternehmen sehen in den Schuldenmachern nicht mehr die idealen Kunden. Zwei davon haben Raabs Experiment ja finanziert. Noch allerdings sind sie die Ausnahme. Noch können Suchtkäufer sich breiter gesellschaftlicher Unterstützung sicher sein. Raab:

- Die Wirtschaftspolitik setzt auf unkontrollierte Geldausgaben: Je mehr gekauft wird, desto größer das Wirtschaftswachstum durch privaten Konsum.
- Die Werbung hat das Kaufen selbst inzwischen zur Prestige-Handlung hochstilisiert.
- Banken, Warenhaus-Unternehmen und alle anderen Karten-Emittenten bieten heute auch Sucht-Käufern die Möglichkeiten, ihre finanziellen Spielräume zu erweitern.
- Und das Plastik-Geld schafft Kauf-Süchtigen, aber auch normalen Käufern das Gefühl, sie hätten alle Ausgaben unter Kontrolle.

Raab: »Nicht mehr der Konsum, sondern das Kaufen selbst entwickelt sich zunehmend zum Zentrum des Lebens – zum Symbol für Leistungsfähigkeit und Freiheit.«

Positives Denken fördert Kaufsucht

Positiv denkend vertrauen normale Käufer und Sucht-Käufer jahrelang auf die »Kraft ihrer Karte«.

Mit Optimismus (siehe Kapitel 17) hat dies nichts zu tun. Optimismus ist ein hilfreicher seelischer Mechanismus. Wir brauchen ihn für unser psychisches Wohlbefinden, für das Gefühl eigener Kompetenz und eine positive Selbstwert-Einschätzung. Positives Denken über die eigene Zahlungsfähigkeit und Kreditwürdigkeit führt hingegen nicht immer auf einen positiven Weg durchs Leben. Beim Geldausgeben ist eine pessimistische Selbsteinschätzung oft besser. Psychologische Experimente zeigen etwa,

- dass Positiv-Denker ihre Fähigkeiten zur Selbstkontrolle überschätzen.

- Pessimisten, und sogar depressive Menschen, urteilen hier viel realistischer.

Vermutlich sind es also meist die Menschen mit positiven Feelings, die ihre Konten überziehen.

Durch psychologische Forschung erwiesen ist jedenfalls, dass zwischen »normalen« und suchthaften Konsumenten ein Unterschied in der Einstellung zum Geld besteht. Sucht-Käufer glauben häufiger und intensiver:

- Geld kann alle meine Probleme lösen.
- Geld macht mich anderen Menschen überlegen.
- Geld bringt mir Anerkennung und Beachtung.
- Suchthafte Konsumenten sparen auch weniger als normale Käufer und sind, so Raab, durch Werbung leichter verführbar.

Kauf-Sucht durch falsche Erziehung

Die Grundlagen für Kauf-Sucht werden bereits in der Kindheit gelegt. Raab: Suchthafte Konsumenten

- wurden als Kinder häufiger mit Geld belohnt, und
- ihnen wurde stärker das Gefühl vermittelt: Geld ist wichtiger als meine Bedürfnisse nach Beachtung und Zuwendung.
  Eltern, die ihre Kinder in dieser Weise auf das Leben vorbereiten, sind selbst Kinder unserer Zeit. Raab:
  Geld ist in unserer Geldwirtschaft mit einer Vielzahl von Vorstellungen und Gefühlen wie Status, Macht, Sicherheit, Freiheit, Liebe und Selbstwert verbunden;
- *Geld verleiht ein Gefühl der Macht, weil mit Geld Kontrolle über andere ausgeübt werden kann;*
- *Geld reduziert Ängste und symbolisiert Sicherheit;*
- *Geld verleiht ein Gefühl der Freiheit, da es dem Einzelnen ermöglicht, sich Zeit zu nehmen für Dinge, die ihm Spaß machen;*
- *Geld steht für Liebe, weil die Vorstellung existiert, Gefühle und Zuwendung durch Geld erkaufen zu können;*

- *Geld ist ein Symbol des Selbstwerts eines Menschen. Geld ist in unserer Gesellschaft ein Maßstab für Erfolg. Menschen werden danach bewertet, was sie verdienen oder besitzen. Und auch wir selbst bewerten uns oft nicht nach unserem menschlichen, sondern nach unserem finanziellen »Vermögen«.*

Die Einstellungen und Gefühle zum Geld, die in der Kindheit vermittelt und entwickelt werden, zeigen später an der Ladenkasse ihre Folgen. Und für Millionen Menschen geht der Weg dann weiter über Konto-Sperrung und Schuldner-Beratung bis hin zu Offenbarungs-Eid und geschäftlichem Konkurs.

Macht Sex uns glücklich?

Angeblich suchen Männer ja immer nur das Eine: Sex. Gibt immer mehr Sex aber immer mehr Glück?

Vor mehr als 40 Jahren haben zwei amerikanische Feministinnen den Weg heraus aus dem »Reich der (sexellen) Notwendigkeiten« von Kondom, Carrezza-Praxis (coitus interruptus) und Knaus-Ogino in das Reich der (sexuellen) Freiheit gewiesen, sie hießen Katherine McCormick und Margaret Sander.

Ihre Idee: Der beste Schutz gegen ungewollte Schwangerschaft ist, bereits schwanger zu sein. Umgesetzt hat die Idee der Biologe Gregory Pincus, dem McCormick und Sander davon berichtet haben. So kam es zur »Anti-Baby-Pille«.

Hat die sexuelle Freiheit durch die Pille zu mehr sexuellem Glück geführt?

Der TWEN – heute würden wir ihn eine Kultzeitschrift nennen –, der damals viel für die Akzeptanz der Pille getan hat (eine Unterstützung, die RU 486 heute fehlt), fragte schon bald auf seinem Titel »Meine Freundin nimmt die Pille. Bin ich jetzt glücklicher?«

Sind die Männer *forty years after* glücklicher?

Etwas Eigenartiges findet man heute in deutschen Betten: lustlose Männer.

Die BILD-Zeitung, deren Erfolg sehr eng an das Erspüren von Trends geknüpft ist, schreibt im August 2000:

Vier von zehn Frauen träumen von einem Mann, der weiß, was sie sich im Bett wünschen ... Besonders unzufrieden (sind) die Frauen zwischen 18 und 34 Jahren. Jede zweite Frau in diesem Alter möchte mehr über phantasievollen Sex erfahren ... (und) mit zunehmendem Alter wächst die sexuelle Frustration noch ... Viele Frauen haben den Eindruck, dass der Mann Sex als Pflichtübung ansieht ... und nicht als erotisches Ereignis, auf das er sich freut.

Was ist los in den Betten?

Ziemlich wenig, was darauf schließen ließe, dass ein fröhliches Leben auf Sex aufbauen könnte. Hier sind ein paar Zahlen, die zeigen, dass Sexualität in der Ehe ein relativ seltenes Ereignis ist und damit schon rein quantitativ nicht als Basis für Lebensglück geeignet ist.

Fehlt es an Glück, weil es zu wenig Sex gibt?

• In der ersten großen Sex-Enquete, dem vor mehr als 50 Jahren erschienenen Kinsey-Report, findet sich für Verheiratete bereits die vielen bescheiden anmutende Angabe »2 bis 2,5 Mal pro Woche«. Sie galt für Paare im Alter unter 35.

• Eine Auswertung der Daten von 6785 verheirateten oder in fester Partnerschaft lebenden Erwachsenen über 19 Jahren durch ein amerikanisches Forscher-Team unter Leitung der Familien-Soziologin Pepper Schwartz[21] von der University of Washington ergab in den 90-er Jahren eine durchschnittliche Häufigkeit des Geschlechtsverkehrs von weniger als 1,6 Mal pro Woche, obwohl hier im Vergleich zur Kinsey-Report-Zahl die sexuell aktiveren jüngeren Jahrgänge bereits mitgezählt waren. Nur 50 Paare – bei mehr als 6000 Befragten – gaben als Sex-Frequenz an: »1 Mal täglich oder mehr«.

• Aus deutschen Untersuchungen (noch in der DDR, die öfter als »erogene Zone« bezeichnet worden ist) von Siegfried Schnabl[22] wissen wir, dass viele verheiratete Paare nur etwa ein Mal im Monat Sex haben – schwer vorzustellen, dass dieser »Akt« als heiße Liebesnacht voller Intimitäten abläuft (dann würde er wohl häufiger stattfinden), eher zu denken ist an eine Art Pflichtübung.
Die sexuelle Pflicht, ohne Kür, kann in wenigen Minuten absolviert werden, und das ergibt rein rechnerisch 60 Minuten Sex im Jahr, nur eine von den 24 mal 365 gleich 8760 Stunden des Jahres also. Das sind 0,0114 Prozent der Zeit, die viele Paare der »Paarung« widmen.

Ein fröhliches Leben kann so – bereits rein quantitativ betrachtet – nicht entstehen. Viel Unfrohsein sehr wohl.

Es fehlt an Sex, weil es an Glück fehlt

Als wichtigsten Grund für den Lust-Schwund in festen Partnerschaften nennen Schwartz und ihre Mitarbeiter Spannungen zwischen den Partnern. Guten, reichlichen Sex finden Paare nur bei Zufriedenheit mit der Ehe.

Lässt sich ein glückliches Leben auf Sex aufbauen?

Wohl nicht. Die Sexual-Forscher Gretchen K. Lobitz und W. Charles Lobitz[23] (University of Colorado) sagen, dass in aller Regel nur die Kennenlern-Phase von zwei Menschen mit einem hohen sexuellen Erlebens-Wunsch einhergeht. Es ist die Phase der romantischen Liebe. Sie geht aber irgendwann zu Ende, und das Abnehmen sexueller Leidenschaft bei Sexual-Partnern scheint eine Art Naturgesetz zu sein.

Der Honeymoon-Effekt lässt nach. Die Frage, wie ein zu geringes sexuelles Begehren neu belebt werden kann, ist seit langem Thema der Sexual- und der Ehe-Therapie. Die häufigste Antwort, so Lobitz und Lobitz, die Berater und Therapeuten auf diese Frage geben, ist: »Sexuelles Begehren wird neu geweckt, wenn die Partner neue Nähe zueinander finden.«

Viele Paare in Ehetherapie berichten tatsächlich, dass sie sich einander wieder näher fühlen, besser miteinander kommunizieren und dass ihre Zufriedenheit mit der Ehe deutlich ansteigt. Diese neue Intimität aber – so die Erfahrung von Paaren und Paar-Therapeuten – ändert nichts an dem immer noch minimalen Sex-Wunsch. Er bleibt auf niedrigstem Niveau.

Die Lösung dieses »Intimitäts-Paradoxes« sehen Lobitz und Lobitz in einer neuen Form der Partner-Beratung. Partnerschaft durchläuft mehrfach die beiden Stufen der

- »Verschmelzung« (die Partner fühlen sich als Einheit) und der
- »Differenzierung« (die Partner fühlen eine Distanz zwischen sich).

Die erste große »Differenzierung« tritt ein, wenn die Phase der romantischen Liebe – nach etwa zwei Jahren – zu Ende geht. Dann fühlen die Partner das erste Mal eine Distanz zwischen sich.

Statt nun »krampfhaft« Nähe zu suchen (viele Paare versuchen es mit Kerzenlicht, aber auch mit Alkohol oder Drogen), sollten Paare lernen, diese Distanz als Entwicklungsphase ihrer Partnerschaft (und nicht als den Anfang vom Ende) zu akzeptieren. Der Zyklus von Nähe und Distanz wird manchmal über Jahre immer wieder neu durchlaufen. Dann aber stellt sich dauerhafte Nähe ein: als Basis für dauerhafte gute Sexualität.

Schlecht im Bett – der neue Trend

Vor ständig wachsendem sexuellen Leistungsdruck warnt einer der führenden deutschen Sexualwissenschaftler, Professor Götz Kockott[24] vom Klinikum rechts der Isar der Technischen Universität München.

Positiv an der sexuellen Liberalisierung seit den 60er-Jahren sieht Kockott, dass sexuelle Ängste und Schuldgefühle abgebaut worden sind, mehr Toleranz gegenüber sexuell Andersdenkenden geübt wird und dass Kinder eine bessere Sexualerziehung bekommen.

»Aber auch die Liberalisierung führt«, so Kockott, »zu neuen Normen.« Der sexuelle Leistungsaspekt nimmt deutlich zu. »Man meint, ein gesellschaftlich erforderliches Maß an sexueller Aktivität erbringen zu müssen als psycho-hygienische Leistung für sich selbst und für die Partnerschaft.«

Sexuelle Überforderung, schreibt er in seinem Buch »Sexualität des Menschen«, ist das neue Problem. Über Sexualität wird zu viel in marktschreierischer Form diskutiert. Man spricht heute mehr über Sex als früher, aber wir hören zu viel »von Extravaganzen, von den grellen Farben der Sexualität«.

Deutlich warnt Kockott vor der »pornographischen Vermischung von Sexualität und offener Aggression«. Aus der Aggressionsforschung ist bekannt, dass Vorbilder von Gewalt aggressive Tendenzen bei Beobachtern fördern. Zwar haben sich in Ländern wie Dänemark, in denen aggressive Pornographie freigegeben worden ist, die Kriminalitäts-Statistiken nicht verändert, »aber damit ist keinesfalls bewiesen, dass sich durch aggressive Pornos das Zusammenleben zwischen Mann und Frau nicht geändert hat.«

So also scheint es zu sein: Sex wird zu einem normalen Bestandteil des Erwachsenen-Lebens. Fehlender Sex macht unglücklich. Leistungs-Zwang macht unglücklich – auch bei Sex.

Glück in der Ehe und in der festen Partnerschaft aber scheint ziemlich unabhängig vom Sex zu sein. Und eine schlechte Partnerschaft wird weder durch Sextherapie noch durch Viagra (siehe das Zitat aus TIME in Kapitel 18) besser.

Wie beim Geld, scheint auch für die Sexualität zu gelten: Der Mensch muss ein Optimum suchen – und nicht das maximal »Machbare«.

Macht?
Macht sie uns glücklich?

Ist Machtstreben ein Naturgesetz? Viele Menschen glauben es. Aber dieser Glaube gehört vermutlich neu überdacht, wie neue Forschungsarbeiten zeigen.

Machtstreben ist vielfach in der Tierwelt dokumentiert – manche Menschen sehen hierin, »in der Macht der Gene« also, einen besonderen Wahrheitsbeweis. (Die Positive Psychologie denkt hier eher an die in Kapitel 11 beschriebene Flucht vor der Verantwortung für das eigene Tun und Lassen, weil es bequem ist, eigenes Verhalten als »Schuld der Gene« oder als »Opfer von anderen« zu bezeichnen.)

Lieber Top-Dog als Underdog – macht das glücklich?

Warum suchen Männer Macht über Frauen? In allen – oder doch beinahe allen – Gesellschaften dieser Erde haben Männer mehr Macht als Frauen. Mögliche Ausnahme ist vielleicht schon bald unsere Gesellschaft – jedenfalls rät die englische Feministin Marilyn French: »Frauen hört auf zu kämpfen, ihr habt schon gewonnen.«

Die amerikanische Biologin und Psychologin Barbara Smuts von der University of Michigan hat Belege für männliche Dominanz zusammengestellt[25]: Sie weist darauf hin, dass die Ursachen für die Unterdrückung von Frauen letztendlich in unserem biologischen Erbe lägen – dass sie deshalb aber noch nicht »schicksalhaft« und unveränderbar sind.

Vier Gründe nennt Barbara Smuts für ihre evolutionstheoretische und zugleich feministische Überzeugung:

1. Bei unseren genetisch nächsten Verwandten, den höheren Affen, ist sexuelle Aggression von Männchen gegenüber Weibchen die Regel.

2. Machtausübung ist allerdings oft ein Gruppenphänomen – entstehend aus der Männer-Solidarität. Männliche Aggressivität nimmt zu, wenn Männchen – oder Männer – sich in Gruppen organisieren, was – so die Primaten-Forscherin Jane Goodall – zum Beispiel bei Schimpansen der Fall ist. In Gruppen überfallen sie sogar andere Horden, töten die Männchen, und ihr Verhalten den Weibchen gegenüber kann als regelrechte Vergewaltigung bezeichnet werden.
3. Weibliche Primaten sind allerdings nicht schutzlos. Gibbon-Weibchen etwa schützen sich in Gruppen gemeinsam gegen männliche Angriffe. Es gibt also auch – naturgegeben! – Schutz gegen die Macht der Aggression.
4. Weibliche Solidarität aber wird oft dadurch untergraben, dass sich Tier-Weibchen – und auch »Menschen-Weibchen« – vielerorts auf die Seite der »Alpha-Männchen« schlagen, denn je besser ein »Männchen« oder ein Mann für Frau und Nachkommen sorgen kann, desto besser die Chance für das Gedeihen der Nachkommen und für die Fortpflanzung – jenes biologische Ziel, dem weibliche wie männliche Lebewesen übergeordnete Wichtigkeit beimessen, wie der erste bedeutende Evolutionsforscher, Charles Darwin, gelehrt hat.

Barbara Smuts fordert deshalb für die Spezies »homo sapiens« nicht nur eine gleiche Verteilung von Ressourcen zwischen Männern und Frauen, sondern auch unter den Männern selbst. Erst das kann die Macht dominanter Männer und Männchen brechen. Daher fordert Smuts mehr Zugang von Frauen zu den Medien, weil über Sprache und Bilder die wichtigen Ideologien »transportiert« werden, die das Verhältnis von Frauen zu Männern bestimmen.

Typische Medien-Leitbilder sind die des reichen und mächtigen Mannes, der eigentlich jede Frau haben kann, oder des armen, machtlosen Mannes, der meist »single« bleibt und selten – eigentlich nie – die wirklich attraktive Frau bekommt (oder kennen Sie eine einzige TV-Serie, in der das anders ist?).

Kurze evolutions-biologische Schilderungen wie die eben gegebene sind meist von größerem Unterhaltungs- als Erklärungswert. Wahrheit und Mythen sind meist unentwirrbar miteinander verwoben – ein Umstand, der eine amerikanische

Psychologin, Shelley Taylor von der University of California, zu neuer Forschungsarbeit angeregt hat.[26]

Seit Jahr und Tag wird innerhalb und außerhalb der Wissenschaft geglaubt, dass es zwei, und nur zwei, Reaktionen auf Stress durch Furcht gibt: Flüchten oder Standhalten und Kämpfen.

> Aus dem Rahmen aber fallen die Gibbon-Weibchen. Sie solidarisieren sich. Aus dem Rahmen fallen auch viele Weibchen anderer Tierarten, Ratten zum Beispiel. Im Anblick von Aggressoren schützen sie ihre Brut – und auch sie suchen und finden dabei die Solidarität mit anderen Weibchen.

Shelley Taylor hat erste Belege dafür gefunden, dass hier das Hormon Oxytocin eine Rolle spielt, das »Liebes- und Pflegehormon«, wie es manchmal genannt wird. Taylor – die sich selbst dem Kreis der Positiven Psychologen zurechnet – aber ist noch weit entfernt davon, ersten Forschungen zu glauben. Positive Psychologie möchte ja gerade der Leichtgläubigkeit nicht Hypothesen, sondern gesicherte Forschungsergebnisse entgegensetzen.

Sicher aber ist sich Taylor, und nicht nur sie, dass das Fight-Flight-Dogma ins Wanken geraten ist. Es kann männliches Verhalten oft gut erklären. Weibliches Verhalten in Furcht und Stress auslösenden Krisen aber folgt eher dem, was sie als »tend-and-befriend«-Hypothese bezeichnet – »tend« heißt »fürsorgen, pflegen«, »befriend« heißt »sich anfreunden«. Beides beschreibt, was viele Tier-Weibchen im Angesicht von Bedrohung tun.

Was hier auf den Menschen übertragbar ist, bleibt der Forschung – und vorher der Spekulation – überlassen.

- Sind alle Männer zu Solidarität, Freundschaft und Pflege »von Natur aus« ungeeignet? Bleibt ihnen nur die Wahl, zu kämpfen oder den Schwanz einzuziehen?
- Sind alle Frauen Mutterliebe pur, ohne die Fähigkeit zu kämpfen?

So gestellt, zeigen diese Fragen, dass Frauen wie Männer sehr viele Optionen in ihrem Verhalten haben.

Macht Kämpfen glücklich, fröhlich und zufrieden?

Eine andere Frage ist hier aber interessanter. Macht – in aller Regel von Männern ausgeübt – zeigt sich auch durch Gewalt. Gewalt macht andere Menschen unglücklich. Macht sie wenigstens den Gewalttäter glücklich, könnte man fragen, denn auch dieser Frage wäre nachzugehen, wenn man wissen will und nicht schon alles zu wissen glaubt. Sind zum Beispiel gewalttätige Eltern glücklich und zufrieden?

Eigentlich müssten sie es sein, denn viele Eltern neigen zur Anwendung von Macht und Gewalt. 24 % der Eltern sind »relativ stark gewaltbelastet«, sagt Johannes Bastian (Universität Hamburg).[27]

Die Ohrfeige ist immer noch die häufigste Strafe. 81 % der deutschen Jugendlichen haben schon einmal eine Ohrfeige bekommen, 67 % Fernsehverbot, 64 % Ausgehverbot, 52 % sind mit Niederbrüllen bestraft worden, 47 % mit Schweigen, 44 % mit einer »deftigen« Ohrfeige, 35 % mit Kürzung des Taschengeldes und 31 % haben schon einmal eine Tracht Prügel bekommen.

Diese Zahlen stammen aus einer Befragung von 5400 Jugendlichen und Erwachsenen Mitte der 90-er Jahre.

Nur etwa 6 % der Eltern in der Bundesrepublik verzichten »völlig« auf körperliche oder andere Strafen. 11 % verzichten »weitestgehend« auf Körperstrafen, setzen aber andere Sanktionen (Verbote und psychische Strafen) ein. 59 % der Eltern strafen zusätzlich »durchaus häufiger« mit »leichten« oder auch »deftigen« Ohrfeigen. Und 24 % sind »relativ stark gewaltbelastet«. Bei diesen Eltern kommen neben Körperstrafen auch andere Sanktionen überdurchschnittlich häufig vor.

Der verstorbene Schulpsychologe Walter Bärsch, zehn Jahre Präsident des Deutschen Kinderschutzbundes, hat eingestanden, als Vater selbst geschlagen zu haben – zum Beispiel seinen 16-jährigen Sohn, der volltrunken von einer Party nach Hause gekommen war. Er verurteilt Eltern nicht, denen »die Hand ausrutscht« – was wäre dadurch auch gewonnen? Strafen für schlagende Eltern lehnte Bärsch ab. Probleme in der Familie werden nicht gelöst, sondern in der Regel größer, wenn zum Beispiel ein schlagender Vater ins Gefängnis kommt und die Familie dadurch eine neue Belastung aufgebürdet bekommt.

Im Sinn der Positiven Psychologie – und lange bevor es dieses Wort gab – hat der Kinderschutzbund Aktionen wie »Hilfe statt Strafe« angeboten. Hier haben sich nicht nur Eltern gemeldet, die ihre Kinder geschlagen hatten, auch Eltern, die kurz davor gestanden waren zuzuschlagen, haben Beratung gesucht. Ein schöner Beweis für das Wirken einer Positiven Psychologie, die eben nicht auf Therapie setzt, sondern auf Prävention und eben nicht wartet, bis so viel Unglück geschehen ist, dass nur noch Therapie helfen kann.

Sex, Macht und Geld – immer mehr bringt immer weniger

Zwei deutsche Psychologen, Gudrun-Anne Eckerle von der Universität Rostock und Bernhard Kraak, Deutsches Institut für Internationale Pädagogische Forschung, Frankfurt, haben Ende der 90-er Jahre die gesamte einschlägige Forschungsliteratur über Macht und Gewalt nach einem gemeinsamen Nenner durchforscht.[28] Auf das Thema »Glück« sind sie dabei nicht gestoßen. Hingegen aber auf die beiden Themen, die in den beiden vorangegangenen Kapiteln bereits behandelt worden sind, auf Geld und Sex.

Inhumanes Handeln, sagen sie, »hat viele Ursachen. Die Täter sind unterschiedliche Menschen. Situative Bedingungen spielen manchmal eine entscheidende Rolle.« Ziemlich klar jedenfalls lässt sich angeben, welche Bedingungen geschaffen werden müssen, damit Menschen ihre humanen Motive außer Kraft setzen. Es sind:

- Gefühle der Macht und Überlegenheit.
- Gewinn an realer Macht.

Macht also kann zum Selbstzweck werden.

71

- Bedeutende ökonomische Gewinne.
- Hoffnungen auf neue Lebenschancen, wenn Personen, die im Wege stehen, ausgeschaltet werden …

Macht also hängt mit Geld zusammen.

- Befreiung von emotional bedrängenden Situationen in Familie oder Partnerschaft.
- Lob und Anerkennung von Personen oder Gruppen, die den Tätern wichtig sind.

Das Wort »Sex« kommt hier nicht vor – nur indirekt als »Befreiung von emotional bedrängenden Situationen in Familie oder Partnerschaft« oder als »Anerkennung von Personen …, die den Tätern wichtig sind«. Aber da ist er wieder, der erwähnte TV-Held, das Medienleitbild des reichen und mächtigen Mannes, der eigentlich jede Frau haben kann. Die Trias aus mehr Macht, mehr Sex und mehr Geld scheint sich gegenseitig zu stabilisieren in einem System, das sich genügt. Die Öffnung dieses Systems scheint nicht gegeben. Doch Eckerle und Kraak sehen eine – und zwar in einer Positiven Pädagogik, die mit Werten der Positiven Psychologie übereinstimmt:

> »Wir formulieren ein Fazit pädagogisch als Hypothese, was in der Erziehung vordringlich beachtet werden sollte:
> - *Der Tendenz, andere Menschen zu kategorisieren als mehr oder weniger wertvoll, muss mit Entschiedenheit entgegengetreten werden.*
> - *Die Menschenrechte müssen als moralische Verpflichtung bewusst gemacht werden.*
> - *Denkerziehung befähigt zu selbstständigem, kritischem Denken.*
> - *Der Mut zu nonkonformistischem Denken und Handeln, der Mut, abseits zu stehen und soziale Isolierung auszuhalten, sollte gefördert werden.*
> - *Empathie verdient einen wichtigen Platz in der Rangordnung der Erziehungsziele.«*

Parallelen zu Martin Seligmans Erklärung von Jugendgewalt und seinen Vorschlägen zur Prävention (Kapitel 3) sind hier sichtbar – ebenso zum praktischen Handeln an der Schule in Merkenbach (Kapitel 1).

Teil 3

Auf der Suche nach dem guten Leben

In unserer Zeit ist der Blick oft in naiver Weise – »Alles wird gut« – in die Zukunft gerichtet. Oder es wird – rückwärts gewandt – der Verlust von »Mitte« und Traditionen beklagt. Für ein gutes, zufriedenes, gesundes, interessantes, fröhliches und glückliches Leben setzt die Positive Psychologie auf Konkreteres, auf die Gegenwart: auf das große – und bei vielen von uns brach liegende – Potenzial menschlicher Stärken.

Unsere Stärke,
Gefühle zu haben

Gefühle von Kindern zu unterdrücken ist ein weithin praktiziertes Erzieher-Verhalten.

Wenn ich als Kind geweint habe, hat mein Vater gesagt: »*Ein Indianer kennt keinen Schmerz.*« *Als ich in der Pubertät sexuellen Rat gebraucht hätte, hat er nur fünf Worte für mich gehabt:* »*Hände weg und sauber geblieben.*« *Als mein Vater beerdigt wurde, hatte ich keine Träne für ihn. Ein Indianer kennt ja keinen Schmerz.*

Ein Geschäftsmann, der an Magengeschwüren litt und langsam merkte, warum, hat dies gesagt, Millionen anderer Menschen empfinden ähnlich.

Jeder weiß inzwischen, was zu tun ist in solchen Situationen, auch immer mehr Geschäftsleute männlichen Geschlechts: Psychotherapie. Dem Einzelnen wird so geholfen, aber Therapie ist im gesellschaftlichen Maßstab nicht der Weg der Wahl. Dazu sind seelische und psychosomatische Probleme viel zu weit verbreitet.

Prävention ist also angesagt. Wo aber anfangen? Zum Beispiel bei einem weit verbreiteten seelischen Leiden, das sich unmerklich einschleicht, Fachausdruck: Alexithymie, ein Kunstwort, gebildet aus drei griechischen Begriffen:

Die Vorsilbe »a« bedeutet, dass ein Mangel vorliegt oder etwas gänzlich fehlt; »lexi« kommt von »Wort« und meint hier: »ein Wort haben für«, also »erkennen können« oder »lesen können« – und mit der Vorsilbe »a« eben: »nicht lesen können«; »thymos« heißt »Gefühl«.

»Gefühle nicht lesen können«, und zwar die eigenen Gefühle, genau darum geht es.

Gefühle anderer nicht lesen zu können, das wird als fehlende Empathie bezeichnet.

»Legastheniker des Gefühls« hat der schwedische Regisseur Ingmar Bergmann die Menschen unserer Zeit einmal genannt. Für wen gilt dieser Satz?

Folgt man dem Zürcher Theologen und Psychotherapeuten
Peter Schellenbaum[29], dann ist von diesem harten Wort so
ziemlich jeder moderne Mensch betroffen, jeder nämlich – um
ein Bild zu zitieren, das Schellenbaum gern gebraucht –, der
sich selbst wie eine Marionette lebt: am Kopf aufgehängt, im
Kopf »verankert«, und der Körper baumelt und taumelt ohne
rechten Bezug zum sonstigen Sein des Menschen in der Ge-
gend herum.

Der Körper aber ist wichtiger Ursprung aller Gefühle. Im
Körper fließt die Lebensenergie, hier bilden sich Liebe und
Lust, hier formiert sich der Wunsch, sich dem Leben zu stellen. Viele »Verkopfte« leben aber nicht wirklich, sondern nur
auf »Sparflamme«. Sie halten sich an das Beispiel des Philoso-
phen Arthur Schopenhauer, der einmal gesagt hat: »Das Leben ist ein eigenartig Ding. Ich habe beschlossen, das meinige
damit hinzubringen, über dasselbe nachzudenken.«

»Halblebendige« nennt Schellenbaum solche »antriebsge-
hemmten« Menschen. Cool die meiste Zeit, Leute aus dem
Windkanal, keine Ecken und Kanten, reibungslos funktionierende Rädchen im Getriebe ihrer Welt – und dann gibt es die
großen Aussetzer: Unfähig zu Genuss, werden sie von der
Gier getrieben oder von einer ihnen nicht verständlichen
Angst gepeinigt. Dies sind letzte Mahnungen, am Leben nicht
– gut geölt und reibungslos – vorbeizugehen.

Doppelte Verdrängung unserer Gefühle

Hellmuth Freyberger, langjähriger Direktor der Abteilung für
Psychosomatik an der Medizinischen Hochschule Hannover,
geht davon aus, dass in dem Bereich der Nahrungsaufnahme
und -verarbeitung 90 Prozent aller auftretenden Störungen
(bei denen keine organische Ursache vorliegt) ganz oder teil-
weise auf »Alexithymie« zurückzuführen sind. Bei anderen
psychosomatischen Störungen – Störungen der Sexualität,
Kopfschmerzen, Rückenbeschwerden, um nur einige Bei-

spiele zu geben – ist von ähnlichen Größenordnungen auszu-
gehen.

Wann werden die Bedingungen für das Entstehen psycho-
somatischer Leiden geschaffen?

Die Antwort lautet, ähnlich wie bei den rein seelischen Leiden: in der frühesten Kindheit. Die komplizierten Zusammenhänge sollen hier auf einfache Weise erläutert werden.

Stellen Sie sich vor, wie ein Mensch auf die Welt kommt –
vielleicht stellen Sie sich einmal vor, wie Sie selbst auf die
Welt gekommen sind: klein, aber mit ungeheurer Lebenskraft, mit großer Energie und starkem Lebenswillen.

Kaum sind wir aber auf der Erde – da geht der Ärger schon
los: Unsere Bedürfnisse kommen mit den Bedürfnissen anderer Menschen in Konflikt. Sind diese Menschen wohlmei-
nend, kinderfreundlich und mit sich selbst seelisch einigermaßen im Lot, dann gibt es einen liebevollen Ausgleich der
Interessen und Bedürfnisse. So sollte es sein.

Oft genug kommt es aber anders, und ein Kind erlebt die er-
zieherischen Eingriffe als Zwang oder als Verlust. Das Kind
lernt: »Ich darf bestimmte Bedürfnisse und daran ge-
knüpfte Gefühle nicht mehr haben.« Solche Gefühle – sexuelle oder aggressive Regungen im frühkindlichen Alter
zum Beispiel – werden verdrängt. Zurück bleiben Trauer,
Angst oder Wut.

Menschen, bei denen solche Gefühle für die Entwicklung ihrer Persönlichkeit und für ihr tägliches Verhalten prägend
sind, bezeichnen wir als neurotisch. Es sind oft schwierige
Menschen, an die nicht leicht heranzukommen ist, und die
Dinge tun, die nicht immer leicht nachzuvollziehen sind.

Neurotisches Verhalten wird von der Umwelt selten tole-
riert. Es gibt deshalb einen starken Druck auf solch ein
Kind, seiner Wut, seiner Trauer, seiner Depressivität nicht
freien Lauf zu lassen, sondern auch diese Gefühle zu ver-
drängen.

Und diese doppelte Verdrängung der eigenen Gefühle ist –
wie der Psychoanalytiker Alexander Mitscherlich erkannt hat
– die zentrale Ursache für psychosomatische Leiden. Zusam-

menhänge dieser Art sind auch von dem Freud-Schüler Wilhelm Reich beschrieben worden (siehe Kasten »Der Verlust unserer Lebendigkeit«).

Kinder müssen anfangs »schwierig« sein

Ein Kind etwa kann sich zu dieser doppelten Verdrängung genötigt sehen, wenn es mit Eltern aufwächst, bei denen es nicht »schwierig« sein darf, sondern aufs Wort gehorchen muss, und die Träume, Fantasien und die gesamte kindliche Märchenwelt als »Spinnerei« abtun sowie Gefühlsäußerungen (und ganz bestimmt die negativen Gefühle) – mit Ausnahme von bescheidener Freude oder Dankbarkeit – nicht tolerieren.

Tränen? »Ein Indianer kennt keinen Schmerz.« Das wird den Jungen gesagt.

Tränen bei Mädchen? »Weine nur, dann brauchst du ein Mal weniger zur Toilette zu gehen.«

Trauer? »Bis du heiratest, ist es wieder gut.«

Verlustängste (etwa wenn die Eltern sich trennen)? »Jetzt brüll' nicht so rum. In 14 Tagen kommt Papi Dich ja wieder abholen.«

Sexuelle Gefühle? »Hände weg und sauber geblieben.«

Übermut? »Haltet den Mund. Die Nachbarn werden gestört.«

In dieser zweiten Verdrängung von verbotenen Gefühlen kommt es zu einem »Abschieben ins Körperliche«. Das Sodbrennen, die Magengeschwüre, die Schluckbeschwerden, die der »arme Schlucker« als Erwachsener hat – das sind seine Kindheitsgefühle, die er doppelt verdrängt hat: seine »unpraktischen« Lebensäußerungen.

Was tun?

Der Weg einer Positiven Psychologie würde zwei Schritte empfehlen:

1. Gefühle sollten nicht unterdrückt, sondern sollten Teil einer Erziehung werden, wie sie der amerikanische Psychologe Daniel Goleman unter dem Stichwort »EQ/Emotionale Intelligenz« beschrieben hat. In dieser Erziehung geht

es darum, Kinder zu befähigen, mit ihren negativen Gefühlen umgehen zu lernen – und dies in einem sehr jungen Alter, also vor Eintritt in die Schule (siehe Kapitel 14). Spätestens dann brechen – worüber so viele Lehrer heute klagen – die negativen Gefühle nämlich doch aus, weil sie von einem Gruppengeist gefördert werden: von der »peer group«, der Gruppe der Gleichaltrigen, die zunehmend die Rolle der Eltern als Erzieher übernimmt.

2. Bei Kindern sollten nicht nur die negativen Gefühle beachtet, sondern auch die positiven Gefühle geachtet werden – Freude etwa, auch wenn sie sich in Lautstärke und Toben äußert. Dass Kinder heute Freude nicht vollen Herzens zum Ausdruck bringen können, ist eine der großen Sünden der Gesellschaft gegen ihre eigene Zukunft. »Sei ruhig, die Nachbarn!«, heißt es. Oder: »Bleib an der Hand! Die Autos!« Oder: »Kannst du nicht einmal fünf Minuten still sitzen?« – Dies gilt besonders in der Schule, und es betrifft besonders die Jungen. Sie sind von Natur aus schon lange vor der Sexualreife reichlich mit dem Sexualhormon Testosteron ausgerüstet, das auch Bewegungsdrang, Mut und Übermut fördert. Sie anzupassen an ein »Kopflernen« und Stillsitzen ist eine Erziehung gegen ihre Natur. Und die so genannten »Zappelphilipps« mit Ritalin und anderen Psychopharmaka »ins Lot zu bringen« allemal.

Haben wir einen Körper? Oder sind wir Körper?

Zur Befreiung von psychosomatischen Leiden, zu besserer Gesundheit allgemein und zur Lösung seelischer Konflikte ist eine veränderte Einstellung zu unserem Körper notwendig. Wir müssen die Haltung aufgeben, nach der allein der menschliche Geist das eigentlich Wertvolle unserer Existenz ist, während dem Körper nur jene dienende Rolle zukommt, die Franz von Assisi mit seinem Wort vom »Bruder Esel« gemeint hat. Unser Körper ist nicht irgendein Besitz von uns. Wir sind auch Körper und nicht nur Geist.

Psychologie kann mehr als Phantome vertreiben

Was hier umrissen wird, deckt sich auf gute Weise mit den Lehren des französischen Jesuiten Teilhard de Chardin. In seinem Gesamtwerk (erschienen 1963, zit. nach Schellenbaum 1987) findet sich eine Rede, die dieser herausragende Gelehrte des 20. Jahrhunderts vor Psychoanalytikern gehalten hat.

Darin fordert er die »Ausarbeitung einer Psychoenergetik«, und er fordert damit von den Therapeuten mehr, als bei ihren Klienten nur »Phantome zu vertreiben«. Ihr Ziel müsse es sein, die »großen Bedürfnisse und wesentlichen Appelle zu befriedigen, die in uns ersticken und die uns ersticken«.

Teilhard macht sich damit zum Fürsprecher eines neuen Verständnisses von Psychologie. Ihr soll es nicht mehr nur – dem Beispiel der Medizin folgend – um die »Reparatur« von Schäden gehen. Psychologie soll sich vielmehr in die sinnstiftenden Disziplinen einordnen. Durch Erforschung der seelischen Energien soll sie dem Menschen zu neuer Lebenskraft verhelfen.

Gleiches fordert Teilhard de Chardin auch von der Theologie. Schellenbaum schreibt: »*Durch seinen [Teilhards] Neffen Régis erhielt ich 1965 als erster Zugang zu einem noch vom Verfasser verschnürten Paket, das neun in kleiner, dichter Schrift beschriebene Hefte mit Tagebuchnotizen aus den Jahren 1915 bis 1925 enthielt. … Teilhard befreite sich schreibend von einer … angelernten Theologie und stellte als einziges Wahrheitskriterium das Potential an seelischer Belebung auf.*« Positive Psychologie.

Die Leiden der »unheilbar Gesunden«

Der Zürcher Psychotherapeut und Theologe Peter Schellenbaum fragt: »Wollen wir wirklich ohne Selbstzerstörung leben?« Er geißelt eine bei vielen modernen Menschen gegebene »offen destruktive Einstellung zum Körper«.

Sie zeigt sich in einer funktionalen Haltung dem Körper gegenüber – so als ob unser Körper nicht Teil von uns, sondern eine Sache wäre, derer wir uns für bestimmte Zwecke von Fall zu Fall bedienen könnten und den wir dafür – ähnlich wie wir ein Auto zur Inspektion bringen – in gewisser Weise pflegen müssen.

Mit Kaffee präparieren wir den Körper, wenn er wach sein soll, mit Schlaftabletten, wenn wir schlafen wollen. Jogging soll gegen Gelenkverschleiß, Gedächtnistraining gegen Verkalkung helfen.

Schellenbaum beklagt einen Zerfall der natürlichen Ordnung in unserem Umgang mit uns selbst. In kürzeren Arbeitszeiten wollen wir so viel leisten wie früher. Dadurch »fallen wir aus unserem natürlichen Rhythmus und machen uns genuss-unfähig«. Wir speichern immer mehr Wissen, »geraten [dadurch aber] in seelische Unbeweglichkeit«. Wir »trimmen unseren Körper«, fördern dadurch aber statt »Lockerung und Wohlgefühl Zwang und Disziplin«.

Unser Körper kann dadurch nicht mehr von Krankheit und Schmerz überwältigt werden, aber er kann »auch keine positiven Körpergefühle, sondern nur Öde und Überdruss« empfinden. Uns Menschen fehlt es mit einem auf diese Weise »getrimmten« Körper »irgendwie an Tiefe, [an] einer Basis sinnvoller Gefühle, an einer Quelle inneren Gewahrseins«.

Der Verlust unserer Lebendigkeit

Der Psychoanalytiker Wilhelm Reich gilt als wichtiger Anreger. Reich hat gezeigt, wie der Mensch, dessen Lebensenergie nicht mehr frei fließt, sich einen – so Reichs Ausdruck – Charakterpanzer zulegt. Diese »Rüstung gegen die eigenen Gefühle und gegen Einflüsse durch andere Menschen« existiert nicht etwa nur im übertragenen Sinn. Sie ist an Muskelverspannungen fühlbar. Mehr noch: Die Bioenergetik, eine Therapieform, die auf Wilhelm Reichs Schüler Alexander Lowen zurückgeht, kann durch körperliche Übungen und massageähnliche Eingriffe in den »Muskelpanzer« gezielt »eingefrorene« Gefühle wieder freisetzen.

Evolutions-Psychologie: unser seelisches Erbe

Alle Menschen, die heute leben, sagt der amerikanische Evolutions-Psychologe David M. Buss, sind im Sinn der Evolution als Sieger-Typen zu betrachten. Unsere Ur-Ur-Ahnen waren nämlich genau jene Menschen, die sich bei der wichtigsten Aufgabe der Evolution durchgesetzt haben: bei der Fortpflanzung, der Erhaltung der Art, wie Charles Darwin es genannt hat.

Die Evolutions-Psychologie versucht, Eigenschaften des heutigen Menschen zu erklären: glücklich machende, aber auch unliebsame, die psychisches Leid verursachen können. Drei Fragen werden dabei gestellt:

1. Unter welchen Bedingungen haben unsere Ur-Ur-Ahnen vermutlich gelebt?
2. Welche geistig-seelische und soziale Ausstattung des Menschen war unter diesen Lebensbedingungen mit hoher Wahrscheinlichkeit funktional? Wobei dann unterstellt wird, dass diese Ausstattung sich bis auf den heutigen Tag »heraus- und durchgemendelt« hat.
3. Lassen sich geistig-seelische und soziale Probleme des heutigen Menschen – auch – als Folgen unseres evolutionspsychologischen Erbes verstehen?

Natürlich ist die Evolutions-Psychologie eine »weiche Wissenschaft« – allerdings eine mit großem Unterhaltungswert, ein unschätzbarer Vorteil gerade bei Problemgesprächen.

Unglückliche Paare erkennt man ja am ehesten daran, dass ihr Denken, ihr Reden und ihr Verhalten hoch redundant – also hoch vorhersagbar – ist. In Problemgesprächen zwischen ihnen gibt es kaum neue Informationen. Statt dessen werden oft die tief empfundenen, aber ewig alten Vorwürfe und Rechtfertigungen wiederholt, bis die Partner sich einmauern, weil das Reden ja nichts bringt, und stattdessen die Scheidungsanwälte reden lassen. Woher diese Redundanz kommt – sie ist eine natürliche Folge negativer Emotionen –, das wird in Kapitel 15 genauer erklärt.

Evolutionspsychologische Erkenntnisse und Theorien können also für gute Unterhaltung sorgen, im doppelten Wortsinne. Seelisch gering oder gar nicht Belasteten geben sie neuen Gesprächsstoff – und daran mangelt es nur zu oft auch in guten Ehen. Und belasteten Paaren können sie die Möglichkeit eröffnen, sich über die ewig alten Themen etwas anders als bisher auszutauschen und eine kreative Wende im Zusammenleben einzuleiten.

Seelische Prägungen, die wir »ererbt von unseren Vätern« haben

Eine typische Fragestellung der Evolutionspsychologie ist etwa: Warum sind wir eifersüchtig? Eifersucht ist ja eine psychische Fähigkeit, für die das schöne Wort gilt: »Eifersucht ist eine Leidenschaft, die mit Eifer sucht, was Leiden schafft« – eine Fähigkeit also, die eigentlich so überflüssig ist wie ein Kropf. Warum hat die Natur uns die Kompetenz zur Eifersucht überhaupt mitgegeben?

David M. Buss zählt sich zu den Positiven Psychologen, die bei Fehlern, Schwächen und Problemen nicht immer gleich nach dem Therapeuten rufen, sondern die Menschen befähigen möchten, aufgrund eigener Stärken und momentan mobilisierter emotionaler und verstandesgeleiteter Kräfte das Nötige selbst zu tun. Das fällt leichter, wenn wir uns klarmachen, dass die Evolution uns moderne Menschen leider auch zu »Loser-Typen« macht. Die Natur hat auch die Fähigkeit zum Unglücklichsein im Lauf der Evolution in uns alle eingebaut.

Warum? Und ist dies Schicksal?

Die Evolution macht uns zum »Winner« und »Loser«

Buss[30] sagt, dass wir im Evolutionsprozess einiges mitbekommen, das für unsere Vorfahren bis in die jüngste Neuzeit überlebenswichtig war, es aber heute nicht mehr ist. Einige Beispiele, die aus den Lebensbedingungen unserer Ur-Ur-Ahnen ableitbar sind:

- **Die Kompetenz, tierisches Eiweiß zu speichern.** Die Spender unseres evolutionären Erbes mussten sich in einer Wildnis des Mangels durchsetzen. Sie waren – und haben auch uns deshalb – darauf programmiert, möglichst viele der selten zu erreichenden tierischen Fette zu verzehren. Da tierisches Fett heute im Überfluss zur Verfügung steht, essen wir zu viel davon, und die Folgen sind bekannt: »Arterienverkalkung« und Herz-/Kreislauferkrankungen, Diabetes und andere körperliche Leiden.
- **Die Kompetenz zu aggressivem Verhalten.** Seelisch haben sich unsere Vorfahren innerhalb relativ kleiner Gruppen durchsetzen müssen. Unsere Ur-Vorfahren lebten in Verbänden von vielleicht 50 oder 200 Personen, mehr Freunde, Nachbarn oder auch Gegner und Rivalen innerhalb der eigenen Gemeinschaft, des täglich-normalen Lebensumfeldes gab es nicht.

  Mit vielen der ein paar Dutzend oder ein paar Hundert Mitmenschen um sie herum waren unsere Ur-Vorfahren zudem blutsverwandt. Und da Blut dicker ist als Wasser, gab es, so kann man vermuten, für jeden Menschen ein Netzwerk von Verwandten, das viel größer war als jene drei oder vier oder nur selten mehr Personen, die heute eine Familie ausmachen.

  Die Ur-Gesellschaft hat den Menschen Überschaubarkeit und Geborgenheit gegeben. Und in dieser menschlichen Ordnung hatten viele negative Emotionen, zu denen wir heute noch fähig sind, ihren guten Sinn. Aggressives Verhalten innerhalb des Lebensverbandes war zeitweilig nötig – etwa wenn ein anderer Mann die Fortpflanzungs-Chancen eines Mannes bedroht hat. Oder wenn die Überlebens-

Chancen des Nachwuchses dadurch beeinträchtigt wurden, dass eine andere Frau den Ernährer der Brut für sich gewinnen wollte.

- **Die Kompetenz zur negativen Emotion der Eifersucht.** Eifersucht hat dabei als eine Art Frühwarnsystem dazu gedient, potenzielle Sex- und Fortpflanzungs-Rivalen zeitig zu erkennen – »Erhaltung der Art« erfordert eine Auslese der Besten, der Alpha-Typen eben. Aber da man sich in den Kleinverbänden kannte und zudem noch unter Verwandten lebte, war Eifersucht vermutlich ein sehr seltenes Ereignis. Rasch einmal durchbrennen von Haitabu nach Stonehenge war ja nicht möglich.

  In der modernen Massengesellschaft hingegen leben wir unter Millionen anderer Menschen. Tagtäglich begegnen wir vielen attraktiven Menschen, also: potenziellen Sex-Partnern – und unsere Partnerin/unser Partner leider eben auch. So wird Eifersucht heute vom seltenen Ereignis – das wohl gerade deshalb mit hoher emotionaler Kraft ausgestattet war – für manche Menschen zu einem Dauerzustand.

- **Die Kompetenz zur negativen Emotion des Neids auf andere Menschen** kann als wichtiger Motor angesehen werden, die in der Ur-Gesellschaft spärlich vorhandenen Güter tatsächlich auch für sich und die Seinen sicherzustellen.

- **Die Kompetenz zur negativen Emotion Ärger (und daraus folgende Aggressivität)** war eine wichtige Triebkraft, Partner, Besitz und Status zu schützen – aber Aggressivität innerhalb der Kleinverbände der Ur-Gesellschaft war vermutlich ebenfalls ein seltenes Ereignis. Es gab ja nur wenige potenzielle Usurpatoren – und alle waren »nach Nam' und Art« persönlich bekannt.

Viel hat sich in den Millennien der Menschheitsgeschichte seither geändert. Äußerlich. Allerdings misst die Evolution in Jahr-Millionen. Und das Denken, Fühlen und Handeln, das früher der Erhaltung der Art gedient hat, ist heute oft eine Unart, manchmal ein Stress-Auslöser und manchmal sogar ein Grund für Mord und Totschlag.

Der Ur-Mensch in uns in der Welt des dritten Jahrtausends

Beispiel Eifersucht: Die moderne Massengesellschaft führt uns tagtäglich – real und durch die Massenmedien – Hunderte potenzieller Sexual- und Lebenspartner vor Augen, mehr Menschen, als in der »Life Space« der Ur-Menschen überhaupt gelebt haben. Wir Menschen heute stehen also ständig unter einem Informationsdruck. Die Motivation zum Fremd-Sehen, Fremd-Fühlen, Fremd-Denken und Fremd-Gehen ist damit für viele Menschen heute ein Dauerzustand – aber leider ebenfalls das Eifersuchtsgefühl mit all seinen negativen Konsequenzen wie

- schlaflose Nächte
- Angst vor Verlust des Partners oder
- des sozialen Status als Vater oder Mutter
- zwanghafter Beobachtung des Partners bis hin zu
- ständigen Kontroll-Versuchen
- und ständiger Mobilisierung von Ärger und aggressiven Tendenzen gegenüber einer im Prinzip unendlich großen und niemals identifizierbaren Zahl potenzieller Rivalen.

Das Gefühl der Eifersucht hat früher, in Vorzeiten, all diese Ängste und aggressiven Tendenzen vielleicht alle paar Jahre und vielleicht gegenüber ein oder zwei klar identifizierbaren potenziellen Rivalen mobilisiert. Wenn heute jedoch beide Lebenspartner arbeiten, sind sie die besten Stunden des Tages mit einer Vielzahl von Menschen zusammen, die durchaus als sexuelle und als Partnerschafts-Rivalen infrage kommen – ein Problem, auf das die Evolution uns schlicht nicht nur nicht, sondern deutlich falsch vorbereitet hat, denn ihr Zeitmaß sind nicht die Jahrhunderte oder gar die Jahrzehnte oder die Monate, innerhalb derer heute sozialer Wandel stattfindet, sondern es sind Jahrmillionen.

Und wenn heute nur ein Lebenspartner, etwa der Mann, arbeitet, weiß der andere nicht, wem der aus dem Haus Gehende alles begegnet. So weiß der arbeitende Mann, der in der Kantine mit der netten Kollegin flirtet, nicht, was die nicht arbeitende Ehefrau in der so genannten intakten Kleinfamilie tagsüber treibt. Beobachtungen von Partnerschaftsforschern und so genannten »psychologischen Laien«, also normalen Menschen, zeigen, dass es gerade Nur-Hausfrauen besonders toll treiben – oft außer mit ihrem Ehemann –, und dies besonders, wenn die Verhältnisse so knapp bemessen sind, dass es materiell keine anderen Möglichkeiten zur kreativen Ausgestaltung des eigenen Lebens gibt.

Wie toll sind wir?
Unser angekratztes Selbstwertgefühl

Ein kleines Experiment, durchgeführt von der Forschergruppe um den amerikanischen Psychologen D. T. Kenrick[31], erklärt über Eifersucht und Selbstwertgefühl des modernen Menschen mehr als tausend Worte. Sie können es nachvollziehen.

• Suchen Sie einmal aus einer Illustrierten Bilder attraktiver Frauen und Männer heraus. Legen Sie ein Bild von sich selbst als Frau in die Reihe der attraktiven Frauen, als Mann in die Reihe der Männer.
• Lassen Sie Ihr Foto dann von Ihrer Partnerin/Ihrem Partner beurteilen.

Kenrick fand, was zu erwarten ist: Verglichen mit Bildern attraktiver potenzieller Partner schneidet man selbst nicht so gut ab. Und dasselbe gilt, wenn man selbst das eigene Foto beurteilt – und sich so mit potenziellen Rivalen auf dem »Partnermarkt« vergleicht.

Das aber ist die Situation, der wir in unserer Massen- und Massenmedien-Gesellschaft ständig ausgesetzt sind: Dauernd sehen wir attraktive potenzielle Partner – aber unser Partner leider auch.

Beispiel Selbstwert: In der Ur-Gesellschaft war es jedem Mann – und vermutlich auch jeder Frau – im Prinzip möglich, unter den 50 oder 200 Personen des Verbandes die Alpha-Position zu erreichen. Und selbst wer das nicht geschafft hat, war meist immer noch ein wichtiges Mitglied der Gemeinschaft. Meist sogar ein unverzichtbares.

Etwas mehr Kraft als die anderen haben, etwas schneller

hinter einem Beutetier herlaufen können als die anderen, die Steinschleuder etwas besser bedienen können, etwas mehr über Beeren, Heilkräuter und essbare Pflanzen wissen – solch relativ einfache Fähigkeiten, die einem Menschen unserer Zeit vielleicht gerade noch zu einer besonderen Position in der Schulklasse, am Stammtisch oder beim Party-Smalltalk verhelfen können, haben Menschen der Ur-Gesellschaft zu absolut wertvollen, ja unverzichtbaren Mitgliedern der Gesellschaft gemacht.

Heute hingegen ist jeder Mensch im Prinzip austauschbar, schon weil es heute sehr viele Menschen gibt. Keiner ist unverzichtbar. Und in der modernen Arbeitswelt kann jeder durch den Rost fallen.

Zwar gibt es dann soziale Sicherungssysteme, die in den verschiedenen Ländern der industriellen Welt verschieden greifen, seelische Sicherungssysteme aber gibt es kaum mehr. Die engsten Verwandten leben oft Hunderte oder Tausende Kilometer entfernt, denn unsere Arbeits- und Lebens-Welt ist extrem mobil.

Wer – im Maßstab der Evolution gemessen – vor kurzer Zeit auf Völkerwanderung ging, hatte noch seinen Familienverband um sich. Und heute? Heute kann man zwar telefonieren, sogar per Handy ständig Menschen erreichen und selbst erreichbar sein. Und in ein paar Jahren kann man sogar die aktuelle Momentaufnahme per UMTS an jederman zu jeder Zeit an jeden Ort schicken. Aber einfach einmal zum eigenen Bruder zu gehen und sich in den Arm nehmen zu lassen, das ist für die meisten Menschen heute nicht mehr möglich.

Einzigartigkeit durch seine Fähigkeiten und Leistungen oder einfach nur durch die Tatsache, dass er da ist, kann heute kaum jemand mehr erreichen. In den modernen Millionen-Metropolen gibt es im Umkreis von 10 Kilometern Tausende von Menschen, die es besser können, die mehr erreicht haben, die besser aussehen, interessantere Bekannte haben etc., etc. – es ist ähnlich wie auf dem Partner-Markt.

Das ist eine Quelle für ständiges seelisches Leid und vermutlich einer der Gründe, warum Depressionen (siehe Kapitel 3) sich epidemieartig ausbreiten, speziell bei den jüngeren Menschen, die in die Welt des Überflusses an Waren und

Dienstleistungen, aber auch in die Welt des Überflusses an anderen Menschen, die »es« besser können oder mehr haben, hinein geboren worden sind.

Weitere Barrieren gegen persönliches Glück in der heutigen Gesellschaft, die die Evolution gleichsam in uns eingebaut hat wie einen Virus in die Festplatte, sind zu nennen:

Beispiel Besitzstreben. Mehr und immer mehr zu haben, das war in der Armuts-Gesellschaft unserer Ur-Mütter und Ur-Väter überlebenswichtig. Ein Seehund mehr erlegt, ein kleines Stückchen gerodetes Land mehr bepflanzt, konnte den Unterschied zwischen Leben und Tod bedeuten. Nicht mitgegeben aber hat uns die Evolution leider ein Gefühl dafür, wann wir genug haben. Das war in Ur-Zeiten auch nicht nötig. Das hat die Evolution wohl der Gesellschaft, den Mitmenschen, überlassen.

Aber so, wie die Gesellschaft heute gepolt ist, in der den Börsenmeldungen mehr Aufmerksamkeit geschenkt wird als dem Lebenspartner, läuft der Besitztrieb bei vielen heute aus dem Ruder. Weniger zu haben als die Menschen, die wir um uns herum, in den besseren Vierteln der Millionenstädte oder in den Medien sehen, bedeutet für uns seelisches Unglück. Glück erwarten wir uns davon, mehr zu haben – eine Falle, weil die Ansprüche schneller wachsen als die Möglichkeiten, sie zu erfüllen (siehe Kapitel 6, die »Theorie des eskalierenden Nullpunktes« von Frederick Herzberg). Wer ständig auf der Jagd nach mehr ist, weil er die Unzufriedenheit des »weniger als andere« bekämpfen möchte, erreicht den Zustand des Glückes nicht.

Aber die gute Nachricht gibt es auch

Unser biologisches Erbe ist kein Schicksal, dem wir auf Gedeih und Verderb ausgeliefert sind.

- Nicht jeder Übergewichtige bleibt übergewichtig.
- Nicht jeder Eifersüchtige bleibt eifersüchtig.
- Nicht jeder Mensch mit angekratztem Selbstbewusstsein bleibt seelisch schwach.

• Nicht jeder Besitz-Motivierte bleibt auf Dauer im »Ratten-rennen«.

Wie solche Veränderungen zu bewerkstelligen sind, das füllt Riesengebirge von Tu-dies-tu-das-und-jenes-lass'-Literatur – und genau da liegt das eigentliche Problem. Übergewicht ist hier ein gutes Beispiel.

Inzwischen weiß jeder, dass Diät dick machen kann – Stich-wort Yo-Yo-Diät. Noch nicht herumgesprochen aber hat sich, dass es auch psychologische Yo-Yo-Diäten gibt: Predigten ge-gen den Tanz ums goldene Kalb finden sich schon im Alten Testament – oft probiert, nie erreicht. Es gibt Kommunikati-ons-Trainings gegen Partner-Probleme, Assertivitäts-Trainings für Menschen mit einem angekratzten Selbstbewusstsein – die »10 Punkte, wie Sie Ihre Depression verlieren« sind in einer amerikanischen Zeitschrift tatsächlich einmal gedruckt wor-den.

Einer der Punkte war: Lernen Sie eine Fremdsprache. Gute Idee. Aber eben nicht für Menschen, die sich wie ein verletz-tes Tier seelisch zusammenrollen.

Bessere Ideen gibt uns die Positive Psychologie mit ihrer Grund-Botschaft, dass wir unser Leben nicht auf der Beseiti-gung unserer Schwächen aufbauen müssen – wer dies macht, wählt oft den Weg der Flagellanten des Mittelalters –, sondern dass wir auf unseren Stärken aufbauen können.

Rauchen kann man sich abgewöhnen. An Diätvorschriften kann man sich halten. Schwer genug ist beides, aber die hier notwendigen Vorschriften lassen sich in klare Verhaltens-schritte umsetzen.

Anders bei vielen komplexeren Denk- und Verhaltens-Ge-wohnheiten. Der für Raucher so wichtige und klare Rat, nie mehr zu einer Zigarette zu greifen – das »Führe dich nicht in Versuchung« –, greift bereits bei der Selbstbehandlung von Übergewicht nicht mehr. Schließlich muss man essen. Die Versuchung ist also in uns eingebaut. Und das Gleiche gilt für rein psychologische Themen wie Eifersucht, Gier (Besitzstre-ben) oder workaholism (Arbeitssucht).

Eifersucht ist manchmal notwendig und sinnvoll, und Geld und Arbeit sind es sowieso. Der Weg der Positiven Psychologie zu einem glücklicheren, also seelisch gesünderen Leben setzt deshalb auf das Schema:

- Erkenne deine Stärken und
- richte dein Leben nach ihnen aus.

Die Evolutions-Psychologie hilft uns dabei, übersehene Stärken zu erkennen.

Unser natürliches Glücks-Potenzial

Negative Emotionen machen auf Dauer unglücklich. Positive Emotionen sind bessere Garanten des Glücks. Ein Weg – so der amerikanische Evolutionspsychologe David M. Buss – sollte sein, das Leben an jenen persönlichen Stärken zu orientieren, die unser menschheitliches Erbe uns ebenfalls durch die Jahr-Millionen der Evolution mitgegeben hat. Dazu gehören:

1. **»Blutsbande« stärken, Familienbande fester zurren.** Praktisch heißt dies: Keine Geburtstage von Familienmitgliedern, und lebten sie noch so weit weg, vergessen; einfach einmal außer der Reihe die eigenen Eltern, die eigenen erwachsenen Kinder anrufen; sich häufig sehen; bei den Familientreffen nicht nur körperlich, sondern auch mit Zeit und Ruhe präsent sein, und, und, und ...
2. **Freundschaften entwickeln – und nicht nur Seilschaften.** In unserer heutigen Überflussgesellschaft gibt es vor allem einen Überfluss an Menschen, die wir Freunde nennen. »Wen lädtst du zu deiner Geburtstags-Party ein?« Antwort eines jungen Amerikaners, der sein Leben und seine Freundschaften noch weitgehend vor sich hatte: »150 meiner besten Freunde.«

Der gute Rat, sich vor allem im Geschäftsleben keine Feinde zu machen, hat dazu geführt, möglichst jeden Menschen als eine Art Freund anzusehen.

Freunde aber sind so etwas wie Lebenspartner. Vielleicht sogar noch etwas Wichtigeres – zumal in Zeiten, in denen Partnerschaften höchst krisenanfällig sind. Ein Freund wird nicht von jedem Glück und jedem Unglück seines Freundes in seinen praktischen Lebenskonsequenzen direkt betroffen. Hier unterscheidet sich der Freund, die Freundin, vom Partner. Freunde können deshalb vor allem ein unabhängiges Urteil fällen, einen persönlichen Rat geben, von dem sie nicht selbst zugleich mit betroffen werden.

Viele Freundschaften heute sind eigentlich Zweckbündnisse. Man tut sich zusammen für bestimmte Ziele, oft genug: berufliche Ziele. Freundschaft beginnt eigentlich aber erst dort, wo es keinen Sinn, keinen Zweck, keinen Grund, kein Ziel gibt, die Nähe eines anderen Menschen zu suchen. Wer die Liste all seiner Durchlauferhitzer-Bekanntschaften durchgeht und dann die wenigen Menschen ankreuzt, deren Nähe er ohne einen nennbaren Grund sucht, in deren Nähe er aber die »großen Drei« der positiven Emotionen verspürt – Freude, Interesse und Zufriedenheit (siehe Kapitel 15) –, wird seine echten Freunde finden oder den Mangel an echten Freunden erkennen.

3. **Bei der Partnerwahl Menschen »aus dem eigenen Stall« suchen.** Bei einem Menschen gleicher Herkunft können wichtige Garanten für stabiles Familienglück eher vorausgesetzt werden: gleiche Wertmaßstäbe, gleiche Entscheidungs-Mechanismen, gleiche Ansichten über partnerschaftliche Treue und Untreue. Basis für stabile Partnerschaften sind nicht Geld und Sex (siehe Kapitel 8), sondern moralische Überzeugungen (siehe Kapitel 23).

4. **Keine offene Ehe, wohl aber eine offene Familie führen.** Eine offene Ehe überfordert uns (siehe Kapitel 23), eine offene Familie hingegen ist vermutlich der wichtigste Schutz gegen häusliche Gewalt gegenüber Frauen und Kindern, die ja meist hinter der verschlossenen Haus- oder Wohnungstür passiert. Also: Macht das Tor auf. Verteidigt die Privatsphäre nicht gegen alle Menschen mit Klauen und Zähnen.

5. **Die natürlichen, die gottgegebenen Unterschiede zwischen Frauen und Männern kennen lernen und danach leben und handeln** (siehe Kapitel 13).

6. **Das »Hier-und-Jetzt«-Denken überwinden** und nach dem Prinzip »man trifft sich immer zweimal« leben. Das verhin-

dert, dass man um eines momentanen Vorteils willen Menschen austrickst und über den Tisch zieht, und sich damit einen Menschen ins nähere Umfeld holt, der Gleiches durch Gleiches zu vergelten sucht.

7. **Umgang »in Augenhöhe«.** Von anderen Menschen das akzeptieren, was man ihnen selbst zumutet. Persönliche Macht nicht ausnutzen: die Macht der Körpergröße, die Macht des Geldes, die Macht des Jemand-warten-lassen-Könnens, die Macht der Verweigerung, die Macht des schnelleren Denkens, die Macht des mehr Wissens, die Macht der übergeordneten Positionen im Berufsleben.

8. **Null-Summen-Spiele vermeiden.** Mindestens eine redliche Kaufmannsgesinnung beachten, bei der das Ziel ist, dass beide Seiten aus einer Interaktion einen Vorteil gewinnen. Das »Quid Pro Quo« beachten, gegen das gierige Menschen so gern verstoßen, und das schüchterne, zurückhaltende Menschen sich so oft nicht trauen. Gegenseitig geben und nehmen – und am Ende haben beide davon profitiert. Das löst natürlich längst noch nicht alle zwischenmenschlichen Probleme, verhindert aber sehr viel überflüssige Reibereien.

9. **»Für eine gute Presse sorgen.«** Sich den Ruf eines ehrlichen und fairen Menschen nicht durch Worte, sondern durch Taten schaffen. Auf schnelle Gewinnmitnahmen verzichten, wenn sie zu Lasten anderer gehen, und dafür die Reputation eines anständigen Menschen bekommen. Der Verzicht, der hier zu leisten ist, wird einem vermutlich langfristig vielfach gelohnt. Denn immer wieder brauchen Menschen für ihre eigenen Wagnisse einen Partner, dem sie vertrauen können, und dieser Partner wird am zu erwartenden Gewinn beteiligt. In dieser Lebenshaltung steckt die Weisheit des Bhagwan-Wortes »Hör auf zu laufen, dann kommen die Dinge von selbst«.

David M. Buss empfiehlt uns, die Erkenntnisse der Evolutions-Psychologie für unsere heutige Lebensplanung zu nutzen. Die Evolution, sagt er, hat in uns eine Reihe von Wünschen verankert, die sich in vielen Studien – zum Beispiel über persönliche Wünsche – heute noch wiederfinden. Dass es sich um Ur-Wünsche handelt, schließt Buss daraus, dass ihre Erfüllung in jeder Zeit und in jeder Gesellschaft Überlebens-Wert hat:

- der Wunsch nach Gesundheit
- der Wunsch nach Erfolg in der eigenen Arbeit
- der Wunsch nach Intimität
- der Wunsch nach dem Gefühl von Selbstvertrauen, die Hoffnung auf Erfolg
- der Wunsch nach hochqualitativer Ernährung
- der Wunsch nach persönlicher Sicherheit und Geborgenheit – und übergeordnet
- der Wunsch, über alle Mittel und Möglichkeiten zu verfügen, um all diese Wünsche real werden zu lassen.

A room with a view

Eines der Ur-Bedürfnisse des Menschen ist laut Buss auch der **Wunsch nach Ehe**, nach der guten alten Zweier-Beziehung – und nicht der Wunsch nach frei flottierender Sexualität. Männer, die eher auf feste Beziehungen programmiert sind, profitieren von der Ehe, nach allem, was wir wissen, sogar stärker als Frauen.

Dabei geht es erst einmal überhaupt um die Tatsache des Verheiratet-Seins. Verheiratete leben gesünder und länger. Das ist das einfache Ergebnis vieler Gesundheitsstudien. Mehr Glück finden Männer und Frauen, wenn sie zudem einen Partner haben, der verträglich, ordentlich, emotional stabil und offen ist.

Ebenso hat die Natur uns mit einem **Sinn fürs Schöne** ausgerüstet, der sich vor allem bei der Auswahl und Ausgestaltung des eigenen Lebensraumes zeigt. Dem menschlichen Glück dient dabei ein Zuhause, so die Zusammenfassung vieler evolutions-psychologischer Erkenntnisse, das der Formel »Zimmer mit Ausblick« (englisch: »Room with a view«) entspricht. Was gemeint ist, wird deutlicher durch ein englisches Wortspiel: »Whomb with a view«. »Whomb« ist der Mutterleib, der Uterus, der Ort größtmöglicher Geborgenheit.

Menschen bevorzugen generell ein Lebens-Environment, das natürlichen Formen entspricht oder in sie eingepasst ist –

im Gegensatz zu Konstruktionen, die rein technischer Funktionalität entsprechen:

- Der Ort soll Sicherheit und Geborgenheit geben;
- er soll den Blick nach außen ermöglichen, aber den Blick nach innen eher verwehren;
- fließendes Wasser in unmittelbarer Nähe erhöht das Gefühl des Glückes, ebenso
- reiche Vegetation und
- frische Feldfrüchte.

Wer sich mit der chinesischen Lehre des Feng Shui beschäftigt und den für westliche Verhältnisse verwendbaren Teil herausgefiltert hat, wird viele Parallelen zu dieser Lehre in den eben erwähnten kurzen Notizen finden.

Das Lebende, das sich moderat Bewegende, dient dem menschlichen Glück. Das kalte, abstrakte, geradlinige – alles mit scharfen Ecken und Kanten – das also, was im Feng Shui dem »Sha« entspricht –, das dient dem Glück nicht.

Hat der Mensch den Zustand des Mangels überwunden und muss er nicht mehr um das reine Überleben kämpfen – sind also von ihm als ausreichend empfundene Vorräte vorhanden oder sicher zu erwarten –, hat er die Wahl, in jenes »Reich der Freiheit« einzutreten, das Karl Marx als Gegenposition zum »Reich der Notwendigkeiten« formuliert hat.

Der Mensch hat dann die Freiheit der Lebensausgestaltung. Die ihm nun adäquate seelische Lebensform ist die des »Flow (siehe u.a. Kapitel 15). Und er kann ein Leben wählen, das menschengerecht und menschenwürdig ist – das den Erfordernissen des »Chi« aus der Lehre des Feng Shui entspricht. Oder aber er kann sich von der Optimierung des Lebens abwenden und der westlichen Ideologie des Größer, Schneller, Höher, Weiter und Mehr zuwenden. Dies tun sehr viele Menschen, und sie hängen damit dem an, was »Sha« genannt wird.

»Flow« ist ein inneres Leben, das Feng Shui-Prinzipien vergleichbar ist, ein Sich-Eingeben in den Strom des Lebens, aber kein passives Sich-Treiben-Lassen, sondern ein aktives, interessiertes Mit-Gestalten.

Unsere Stärke, nicht länger Opfer zu sein

Martin Seligman nennt den Zustand der Gesellschaft unserer Zeit eine Opfergesellschaft und die sie erforschenden Wissenschaften gern nicht Soziologie, Sozialpädagogik oder Sozialpsychologie, sondern Viktimologie: die Lehre von den Opfern.

Das ist kein Zynismus den Menschen gegenüber, die tatsächlich Opfer sind – und wenn man so will, sind wir alle natürlich auch irgendwie Opfer von Umständen, historischen Entwicklungen, Genen, Erziehungsfehlern unserer Eltern in unserer frühen Kindheit usw.

Aber unsere Eltern hatten ebenso Eltern, und auch die haben mit Sicherheit Erziehungsfehler gemacht. Wenn wir diesem Gedankenstrang nachgehen, kommen wir sehr schnell an jene Bibelstelle, in der es heißt, dass der Herr das Schlechte bis ins tausendste Glied, also über tausend Generationen hinweg verfolgt.

Die Schuld wird die Evolutionsgeschichte rückwärts weitergegeben bis hin zu Adam und Eva, und genau das will die Positive Psychologie nicht. Sie möchte zeigen, dass es Möglichkeiten gibt, in den Lauf des Lebens einzugreifen – bescheidene Möglichkeiten, aber immerhin. Eine Fallgeschichte zeigt, was gemeint ist.

Der Mann, der sich nicht mehr für ein Opfer hielt

Oliver hatte seine Frau geschlagen. Seine Frau war durchgebrannt, und in dem Streit nach ihrer Rückkehr waren ihm die Sicherungen durchgebrannt – ein Wortspiel, über das Oliver nicht lachen konnte, denn Gewalt gegen Schwächere war kein Teil seines Selbst, und darauf war er stolz.

Bin ich doch nur ein äußerlich friedfertiger Dr. Jeckyll? Ist meine wahre Natur die des »Mr. Hyde«? Mit dieser Frage quälte Oliver sich noch jahrelang, ohne sie beantworten zu können.

Der »Mr. Hyde« – das von ihm abgelehnte Bild des letztendlich doch gewalttätigen Mannes – wurde ihm in diesen Jahren aber auf eigenartige Weise vertraut. Mr Hyde lieferte ihm hilfreiche Argumente, die seine Schande und Scham mildern konnten:

- Es ist über mich gekommen.
- Das Verhalten meiner Frau war einfach zu viel.
- Ich war zwar Täter – aber eigentlich bin ich Opfer, Opfer der Natur des Mannes und Opfer einer untragbaren Situation.

War er Opfer?

Seine entlastenden Gedanken folgen dem, was in der Psychologie »victim blaming« genannt wird: den Opfern die Schuld geben an den Taten, die man ihnen zufügt. Eine grausame Logik, mit der immer auch alle Gräuel der Geschichte gerechtfertigt worden sind: Völkermord, Auschwitz, Inquisition – eine typische Strafverteidiger-Logik ebenfalls (»Eine Frau, die nach Mitternacht allein auf der Straße geht, fordert eine Vergewaltigung geradezu heraus«).

Oliver, selbst Jurist, konnte diese Strafverteidiger-Logik durchschauen. Zwei innere Plädoyers hielt er, als Staatsanwalt klagte er sich selbst an, als Verteidiger fand er mildernde Umstände. Damit hielt er sich gedanklich in der Schwebe, das endgültige Urteil mochte er nicht fällen – also suchte er einen Gutachter, einen Psychologen. Er begann eine Psychoanalyse. Und bisher Ungeahntes wurde ihm klar:

- Er war vaterlos aufgewachsen. Er hatte kein Vorbild für richtiges männliches Verhalten.
- Erzogen worden war er von einer zwar verzweifelten, immer aber dominanten Mutter.
- Seine innere Einstellung zu Frauen war durch die Mutter bestimmt worden – etwa in dem Sinn: Was eine Frau tut, ist richtig.
- Als junger Mann hatte diese Einstellung ihm viele Erfolge

eingebracht, er war gegenüber Frauen charmant, er hatte kein Macho-Gehabe.

- Anders als viele Männer seines Alters tat er viel für die Beziehung, er konnte seine Frau trösten, wenn sie traurig war, er konnte sie fröhlich machen, wenn sie lustlos war, er war der vorbildliche »Ladies-first«-Liebhaber. Knattersex, wie er es nannte, die eigene rasche Triebbefriedigung, war seine Sache nicht, er hielt sich zurück, bis seine Frau ihr Vergnügen gehabt hatte.

- Nicht klar aber war ihm, dass es nicht nur Selbstlosigkeit war, die ihn zu dieser positiven Art der Männlichkeit befähigte. Es war eine Art Tauschgeschäft. Der Gegenwert, den er sich – selbstverständlich unbewusst – erwartete, war eine Akzeptanz aufgrund seiner guten Werke.

- Zu diesen guten Werken gehörte auch, dass er seine Frau über alle Maßen verwöhnte. Ausgabenkontrolle? Er doch nicht. »Ich bin für das Geldverdienen zuständig, meine Frau für das Geldausgeben«, war sein fröhliches Wort in dieser Sache.

- Dass seine Frau dann ausgerechnet mit einem Mann durchgebrannt war, dessen Lebensunterhalt sie weitgehend mit Geld vom Familienkonto bestritt – das war jener Punkt, an dem seine Sicherungen durchgebrannt waren.

Oliver war dankbar für diese Einsicht in sein Leben. Was aber war mit dem Gewalt-Problem? Lösbar erschien es – allerdings nur unter der Voraussetzung, dass er ein völlig anderer Mensch wurde. Er spürte: Um mich und meine Jahre nach der Scheidung gefundene neue Frau vor »Mr. Hyde« zu schützen, muss ich alles anders machen als bisher:

- Ich darf meinen Selbstwert nicht mehr vom Urteil meiner Frau abhängig machen.
- Ich muss all das aufgeben, womit ich das Interesse meiner Frau erweckt habe, meine Großzügigkeit, meinen Charme im Bett und außerhalb des Bettes.

Alle seine menschlichen Stärken erschienen ihm wie Schwächen, weil sie irgendwie mit seinem Akt der Gewalt zusammenhingen. Oliver war in der Situation, die in dem bekannten

Psychoanalytiker-Witz beschrieben wird: »Ich bin noch genau so durcheinander wie früher – aber auf einem viel höheren Niveau.«

Er wechselte den Gutachter und wurde mit einigen sehr einfachen Fragen konfrontiert:

- War seine Großzügigkeit Schuld an seinem Gewaltausbruch? Nicht unbedingt. Es gibt Männer, die ausgenutzt werden, ohne zu schlagen.
- War seine unbewusste Suche nach Anerkennung durch seine Frau schuld an seinem Gewaltausbruch? Nicht unbedingt. Es gibt Männer, die dasselbe suchen, ohne bei Enttäuschung zu schlagen.
- War seine Mutter schuld an seinem Gewaltausbruch? Nicht unbedingt. Es gibt Männer mit ähnlichen Müttern, die gewaltfrei durchs Leben kommen.
- War »Mr. Hyde« oder war seine Frau schuld an seinem Gewaltausbruch? Nicht unbedingt. Es gibt betrogene Männer, die nicht zuschlagen.

Der zweite »Gutachter-Therapeut« wurde sein Bewährungshelfer. Er baute Oliver zuerst einmal eine wichtige Gedankenbrücke: »Das nächste Mal, wenn Sie Wut in sich spüren, stellen Sie sich vor, jemand hält Ihnen eine Pistole an den Kopf und sagt: Bei der ersten Bewegung drücke ich ab.« Oliver wurde klar, dass er in solch einer Situation die Hand nicht heben würde.

Dieses Bild veränderte sein Denken.

Es verlagerte die Thematik von Schuld und Sühne zu Vorbeugung und Verantwortung übernehmen. Noch war er keinen Schritt weiter in der Lösung der Gewaltproblematik, aber er blickte in eine neue Richtung. Seine neue Perspektive war:

- Ich muss mich nicht völlig ändern.
- Ich muss kein neuer, kein anderer Mensch werden.
- Ich muss keine Ur-Gewalten – tief in mir lagernde unbewusste Aggressivität, die Folgen des vaterlosen Aufwachsens oder die Erziehungsfehler meiner Mutter – für mein Tun und Lassen verantwortlich machen.
- Ich darf meine innere Einstellung zu Frauen behalten, darf

weiter ein charmanter »Ladies-Man« sein. Ich muss meine Stärken nicht zu Schwächen erklären.

- Alles, was ich muss, ist aufpassen, wann Wut in mir aufsteigt, und dann das Richtige tun: frühzeitig den Menschen suchen, der mir »die Pistole an den Kopf hält« und
- etwas genauer den Kontostand im Auge behalten.

Aus Oliver, dem Opfer, wurde Oliver, der Tätige. Er übernahm die Verantwortung für sein Verhalten. Er hat aufgehört, sein Leben als eine Art Talkshow anzusehen und anderen Menschen oder unkontrollierbaren Mächten die Schuld für das eigene Leiden zu geben.

Wenn Lady Di (siehe Kapitel 3) die »Königin der Opfer« war, dann sind Talkshows die ihr zu Ehren veranstalteten Hochämter, in denen anderen die Leviten gelesen werden und man selbst das »mea culpa minima« singt – selbstverständlich in moll. Hier einige Talkshow-Themen aus wenigen Tagen im April 1998:

Meiser: Einbruchsopfer – Was bleibt, ist pure Angst, Mo. 20.4.

Pilawa: Du bist Stier – darum passt du nicht zu mir, Mo. 20.4.

Pilawa: Ich habe dich geschlagen, wie konnte ich nur? Mi. 22.4.

Christen: Ich ziehe das Unglück an, Do. 23.4.

Meiser: Du bist so schrecklich unromantisch, Fr. 24.4.

Christen: Ich lebe doch gut auf Pump, Fr. 24.4.

Vera: Wenn Frauen zu sehr lieben, Fr. 24.4.

Pilawa: Wenn ich nicht bald ein Kind bekomme, ist unsere Ehe kaputt, Di. 28.4.

Talkshows kommunizieren die Botschaft: »Opfer von Ungerechtigkeit und Misshandlungen können wenig mehr für sich tun, als sich beschweren und ihr Leid vorführen«, sagt die Psychologin Nona Leigh Wilson von der South Dakota State University.[32]

Wo aber gibt es eine einzige Talkshow mit dem Thema: »Ich bin kein Opfer von Einbrechern, von Menschen mit dem Sternzeichen Stier, meiner Angst vor einer Geburt, der Schule, meiner Aggressivität (weshalb ich zugeschlagen habe), enttäuschter Liebe, finanzieller Manipulationen meines Schatzes, meiner Hoffnung auf den nächsten Mann, des Unglücks, der fehlenden Romantik meines Partners, der Schulden, der weiblichen Liebeswut, des Alkoholismus in der Familie, weiblicher Chefs, meines Kinderwunsches, meiner Mutter oder Mutterschaft, meiner Nationalität als Deutscher, meiner Rachsucht, sondern ich höre auf, mich in diesem Seelensumpf zu baden.«

Solch eine Sendung hätte eine frohe Botschaft. Sie würde – im Sinn der Positiven Psychologie – heißen: Wer sich auf seine Stärken besinnen will und bereit ist, hart für ein besseres Leben zu arbeiten, der kann Erfolg haben.

Das Leben fordert. Dich!

»Trotz aller Ähnlichkeiten zwischen den Situationen des Lebens besitzt jede einzelne, wie ein Neugeborenes, ein eigenes unverwechselbares Gesicht, das vorher nie da war und das nie mehr auftauchen wird. Sie fordert Dir eine Reaktion ab, die Du nicht vorbereiten kannst. Sie fordert nichts Vergangenes, sie fordert Gegenwart, Verantwortung ... Dich.«

Das hat Martin Buber einmal gesagt und damit den Geist einer Positiven Psychologie gut zum Ausdruck gebracht.

Wir müssen die Milchglas-Welt durchdringen, in der wir leben, und die Realität in uns eindringen lassen, die Grundhaltung aufgeben, dass entweder die Angst oder der Wunsch der Vater unserer Erkenntnis und unserer Gedanken ist. Beispiele mögen helfen:

- Viele Menschen sehnen sich nach Liebe, übersehen aber den Partner, der neben ihnen steht.
- Viele Menschen suchen Zufriedenheit in der Arbeit, vernachlässigen aber die Arbeit, die sie haben, die sie gerade ausführen oder ausführen könnten und die ihnen Zufriedenheit geben könnte.
- Viele Menschen rauchen und merken die Abhängigkeit nicht,
- trinken Alkohol und merken die Wirkung erst, wenn sie sich erheben und dabei schwanken,

- essen und schmecken nichts,
- lesen und verfolgen dabei ihre eigenen Gedanken, kommen manchmal zu hervorragenden Einsichten – nur um bei genauerer Nachprüfung festzustellen, dass sie als vermeintlich persönlich gewonnene Erkenntnis genau das formuliert haben, was sie ein paar Seiten vorher gelesen haben.

Ich denke, also bin ich ... nicht in der Realität

Eine Frau sagt: »Ich bin in meiner Ehe nicht glücklich, weil mein Mann ein Patriarch und ein Macho ist.« Denken hat für sie eine Funktion: die Produktion von Gründen. Der erste Teil des Satzes ist vermutlich wahr, weil er eng an die Realität gekoppelt ist. Wer in einer Ehe nicht glücklich ist und dies formulieren kann, der hat bereits viel erreicht.

Der zweite Teil des Satzes enthält eine Bewertung der Realität: »Mein Mann ist ein Patriarch, ein Macho.« Ist dieser Teil des Satzes ebenfalls wahr? Andere, heilsamere Interpretationen bieten sich an, etwa:

»Ich bin meinem Mann immer in einer Weise begegnet, dass für seine patriarchalen Seiten geradezu ein Treibhausklima geschaffen wurde.«
Diese Wahrheit unterscheidet sich von der zuvor genannten dadurch, dass sie einen Handlungsspielraum für eigene Stärken eröffnet – etwa die Stärke, sich nicht zum Ausgenutztwerden anzubieten. Damit ist viel erreicht, denn es ist zwar schwer, sich zu ändern – aber es ist immer noch leichter als der Versuch, einen anderen Menschen zu ändern.

Besonders verhängnisvoll werden die beiden oben gemachten Aussagen durch ihre Verknüpfung mit Hilfe des Wörtchens »weil«. Im Klartext bedeutet dies: Ein anderer Mensch ist für mein Unglück wie auch für mein Glück verantwortlich. Hier wird dem Leben gegenüber eine Haltung angenommen, die sich mit Worten umschreiben lässt wie

- ich bin nicht der Stückeschreiber oder der Regisseur meines Lebensdramas, sondern Statist;

- ich bin nicht der Verursacher meines Lebens, sondern ein Opfer anderer Menschen;
- die Verantwortung für das Wichtigste in meinem Leben, mein Lebensglück, habe ich spätestens mit meiner Unterschrift auf dem Standesamt einem anderen Menschen übertragen. Und der übernimmt für mich die Vormundschaft.

Dies ist die Situation der »gelernten Hilflosigkeit« (Kapitel 17). Aber nicht die Tatsachen des Lebens machen uns leiden, sondern die Art und Weise, wie wir sie verarbeiten. Und Gründe anzugeben, das ist geradezu der Königsweg, um gegen eigene Interessen zu arbeiten.

Teil 4

Emotionale Fitness

»Im Leben verbirgt man die Gefühle so lange, bis die Leute glauben, man habe keine«, hat Kurt Tucholsky einmal gesagt. Das ist einige Jahrzehnte her. Inzwischen scheint vielen Menschen in einer angeblich zu rationalen Welt das Generalheilmittel in der stärkeren Betonung der Gefühle zu liegen. Aber auch für die Gefühle gilt: Nicht das Maximum, sondern das Optimum entspricht dem menschlichen Maß.

Was sind eigentlich Gefühle?

Natürlich wissen wir, was Gefühle sind – allerdings nur, bis wir gebeten werden, es zu erklären. Dann beginnt das große Stottern, und bei anderen lebenswichtigen Begriffen wie Liebe, Gesundheit oder Glück geht es uns ähnlich.

Kein Wunder. Denn es ist ja nicht einmal der Psychologie, die ja die für den Menschen lebenswichtigen Themen erforschen soll, bisher gelungen, uns einen klaren Begriff von Gefühl, Liebe, Gesundheit oder Glück zu geben. Für Gefühle können wir immerhin noch Beispiele nennen: Angst, Wut, Trauer auf der negativen Seite und Freude, Zufriedenheit, Interesse auf der positiven.

Gefühl oder »vom Gefühl her«?

Es bürgert sich ein, bei Angst, Wut, Trauer, Freude, Zufriedenheit in Übertragung des englischen Begriffes von »Emotionen« zu sprechen, denn das deutsche Wort »Gefühl« ist mehrdeutig belegt. »Gefühl« meint nämlich einmal die »Emotionen«, ebenso aber auch das, was auf Englisch »feeling« heißt und was in deutschen Redewendungen wie »vom Gefühl her würde ich sagen …« seinen Ausdruck findet.

Für das englische Wort »feeling« bieten sich deutsche Worte wie »Empfinden«, »Eingebung« oder »Intuition« an. Etwas empfinden heißt: »Ich bin mir nicht sicher. Ich habe keine Erklärung, die ich bereits durchdacht habe und die der rationalen Prüfung bereits Stand gehalten hätte, aber ich meine, es verhält sich so und so …«

Empfindungen sind Hypothesen, die richtig sein können, aber auch falsch. Wer auf einen Menschen wartet und in die Richtung blickt, aus der dieser Mensch kommen sollte, der erkennt diesen Menschen in anderen Menschen. Da ist der

Wunsch nicht etwa nur der Vater des Gedankens, sondern bereits der Vater der Wahrnehmung. Und so besehen ist es verwunderlich, dass den »Feelings«, den »Baucheindrücken«, der Intuition, den Hypothesen oft mehr Wahrheitswert beigemessen wird als dem abgeklärten Urteil.

Verständlich aber ist dies schon. Aus zwei Gründen:

1. Verhaltensökonomische Gründe: Es gibt wichtige Lebenssituationen, die sich dem Verstand auch durch längstes Nachdenken nicht voll erschließen. Bei allen in die Zukunft gerichteten Entscheidungen bleibt zum Beispiel eine Rest-Unsicherheit, und wir sind gezwungen, mit der Stange im Nebel zu stochern. Ein beliebtes Beispiel heute ist der Aktienkauf. Und noch unsicherer sind wir – oder müssten wir sein – bei der Partnerwahl, die ja eine seelische Investitions-Entscheidung für den Zeitraum ist, »bis dass der Tod euch scheide«.

2. Evolutionsbiologische Gründe: Es gibt Situationen, in denen vor-rationales und rasches Handeln erforderlich ist. Unsere Beeren sammelnden und Bären jagenden Vorfahren mussten etwa in Sekunden-Bruchteilen entscheiden, ob ein Schatten ein Nahrung gebender Strauch ist, der sich im Wind bewegt, oder ein Gefahr bringendes Raubtier. Hier dient es dem Leben, ja dem Überleben, nicht erst sorgfältig Hypothesen abzuwägen, sondern – aufgeschreckt durch die Emotion der Furcht – entweder der Fight- oder der Flight-Reaktion nachzugeben und sich »aus dem Bauch heraus« zu entscheiden zwischen Flüchten oder Standhalten. Emotionen

- ermöglichen uns also Grob-Einschätzungen von Menschen, von anderen Lebewesen, von Situationen und Dingen
- und aktivieren uns zu Entscheidungen.

Das tun sie übrigens vom Anfang des Lebens an, denn jeder Mensch kommt bereits mit einem Grundstock lebenswichtiger Emotionen auf die Welt, wie etwa Furcht, Wut, Trauer oder Freude und Zufriedenheit.

Wer diese Ur-Emotionen allerdings als »wirklich wahr«, als authentisch ansieht, wie es im heutigen »Emo-Zeitalter« gern geschieht, sieht das Mensch-Werden als eine Art »Zurück zur Natur« an. Und wer im unzivilisierten Zeigen dieser Ur-Emotionen das authentische Leben sieht, müsste es auch in einem Zurück zu den tapsigen ersten Greifbewegungen des Babys oder in der »ma-ma-ma«- und »ba-ba-ba«-Sprache des Ein-jährigen sehen (mehr dazu in Kapitel 15).

Trennen von »Bauchgefühl« und rationaler Erklärung

Das Beispiel mit der Furcht weist darauf hin, dass Emotionen aus zwei Komponenten bestehen, »Kopf« und »Körper«. Damit Emotionen entstehen, muss der Körper aktiviert sein. Wichtig dabei sind »Stress-Hormone« wie das Adrenalin. Verschiedene Emotionen zeichnen sich auf dieser Ebene durch ein unterschiedliches Maß an körperlicher Erregung aus – Zufriedenheit kann sich zum Beispiel nur bei geringer Aktivierung bilden.

Dann aber folgt eine geistige Bewertung der Situation – entweder, wie bei Furcht, in Sekundenbruchteilen mit sofortiger Umsetzung in entsprechendes Verhalten, oder, wie bei dem Gefühl der Zufriedenheit, mit einer lang dauernden Phase der innerlichen Besinnlichkeit und meist ohne direkte Verhaltenskonsequenzen (siehe Kapitel 15).

Was geistig geschieht, ist dabei durchaus manipulierbar, eine Erkenntnis, die wir einem grundlegenden Experiment des amerikanischen Psychologen Stanley Schachter[33] aus den 50-er und 60-er Jahren verdanken. Kurz berichtet:

Schachter hat freiwillige Versuchspersonen durch Adrenalinspritzen physiologisch erregt (aktiviert). Während sie auf den Beginn eines ihnen angekündigten psychologischen Experiments warteten, lief dieses ohne ihr Wissen bereits. Im Warte-Zimmer saßen Konfidenten von Schachter. Und sie zeigten dem »emotional Erregten« verschiedenes Verhalten: Wut (»über dieses ewige Herumsitzen und Warten«) oder Lustigkeit (Papierbögen wurden zerrissen und zu Schnipseln geformt, die herumgeworfen wurden). Oft genug machten die Versuchspersonen mit. Schachter ließ diese dann ihre Gefühlslage schildern. Und in der Tat ergab es sich: In einem fröhlichen Ambiente erlebten die Versuchspersonen eine positiv-fröhliche Stimmung. War das Ambiente durch die Konfidenten des Versuchsleiters hingegen aggressiv getönt, spürten die Teilnehmer des Experiments selbst »Wut im Bauch«.

»Im Bauch« hatten alle Teilnehmer aber jeweils dasselbe: aktivierendes Adrenalin. Seine Erkenntnisse hat Schachter zu seiner »Musikbox-Theorie der Emotionen« zusammengefasst. Nach ihr entstehen Gefühle

a) durch Aktivierung auf Körperebene (»eine Münze wird in die Musikbox eingeworfen, und die Maschine ist somit angeworfen«). Damit ist aber noch nichts über den erlebten Inhalt des Gefühls ausgesagt. Dies geschieht

b) durch Interpretation dessen, »was da in einem hochkommt«, und richtet sich nach der ganzen Bandbreite dessen, wozu unser Geist fähig ist: Interpretation einer Situation auf Grund von Erinnerungen aus dem Gedächtnis oder Aufnahme der Realität – manipuliert durch andere Menschen.

Oft laufen diese Interpretationen auch im Sinn einer Allergie-Reaktion ab. Wer auf Haselpollen allergisch ist, war dies meist nicht von Anfang an. Der Körper hat einige Kontakte gebraucht, bis sich die Immun-Reaktion herausgebildet hat. Dann aber tritt diese Reaktion auch bei geringstem Kontakt mit dem Allergen in ganzer Massivität auf.

Und wer auf seinen Partner »allergisch« ist oder auf Linksfahrer auf der Autobahn, hat auch einige Zeit gebraucht – danach aber tritt die Allergie-Reaktion bei kleinstem Anlass auf: in Millisekunden.

Wieder ist festzuhalten:

• Den eigenen Emotionen zu trauen, ist nicht immer die beste Idee. Emotionen können, wie in Schachters Experiment gezeigt, manipuliert werden.

• Die gute Nachricht aber ist: Auch wir können unsere Emotionen kontrollieren und verändern. Wir müssen keine willfährigen Opfer unserer Emotionen sein.

Davon handeln die Kapitel 14 und 15.

Sind Frauen von der Venus und Männer vom Mars?

Gefühle sind also den geistigen Prozessen zuzuordnen – für Sekundenbruchteile im Fall negativer Emotionen wie Furcht oder für Minuten und Stunden im Fall der positiven Emotion Zufriedenheit. Geht es um Empfindungen (»Feelings«), ist die kognitive Komponente sogar der wichtigere Teil.

Leider aber, und das hat viel Verwirrung gestiftet, wird in der Tradition der deutschen Romantik »Gefühl« geradezu als das Gegenteil von Vernunft angesehen. Und die (nicht mehr ganz so) neue Gehirnforschung scheint dies zu bestätigen, denn sie spricht von der »linken« und der »rechten« Gehirnhälfte, und rechts – das scheint jeder inzwischen genau begriffen zu haben, obwohl es so nicht zutrifft – sind die Gefühle, die Intuition, angelagert, während links die Vernunft beheimatet ist, die logischen und verbalen Fähigkeiten.

Und ebenfalls ein Glaubenssatz heute ist, dass Frauen mehr »vom Gefühl« bestimmt sind, die Männer hingegen mehr vom Verstand, weshalb Frauen die »Rechtshemisphäriker« sind und in der Liebe und im Leben mehr »Gefühl« suchen und »die« Männer nur »das Eine«: sexuelle Dominanz, denn Frauen sind »von der Venus«, Männer hingegen »vom Mars«.

Hummel, Hummel, Mars, Mars – große Teile der Literatur über Partnerschaft und Liebe sind nach genau diesem Muster gestrickt, und man darf sie mit Freuden vergessen. Denn es gibt bekanntlich jeweils rund drei Milliarden Frauen und drei Milliarden Männer auf der Welt. Dass alle drei Milliarden Frauen nach demselben Wirkmuster gewebt sind, ist unwahrscheinlich. Und dass Männer wie Karel Woytila, Lodda Mathäus, Albert Einstein oder Popstar Sasha es sind, ebenfalls.

Einer der wenigen wissenschaftlich gesicherten Geschlechtsunterschiede ist zum Beispiel, dass das weibliche Geschlecht dem männlichen von früher Kindheit an verbal überlegen ist. Und dass die verbalen Zentren eher in der linken Gehirnhälfte zu lokalisieren sind. Wenn schon, dann wären also die Frauen eher als »Links«- und nicht als »Rechtshemisphäriker« zu bezeichnen.

Sind Frauen gefühlvoller?

Vermutlich nicht. Sie tun sich vermutlich nur leichter, über Gefühle zu reden, und tun dies vermutlich aufgrund ihrer besser ausgeprägten verbalen Fähigkeiten.
Vier Belege dafür:

1. Warum Männer so schwer Gefühle zeigen
Der Familienforscher John Gottman[34] hat zum Beispiel in Forschungen über Partnerkonflikte Männer und Frauen gefühlsbetonte Partnerschaftsprobleme diskutieren lassen. Die Paare waren dabei an Apparaturen angeschlossen, die wie »Lügendetektoren« arbeiten, die ja keine Lügen messen, sondern emotionale Erregtheit (aufgrund deren auf Lügen geschlossen wird).
Die Wissenschaft braucht sich bei der Bewertung von Gefühlen also nicht nur auf die subjektiven Angaben von Menschen zu verlassen. Sie kann messen. Gefühle zeigen sich etwa in Körperreaktionen wie Herzschlag oder dem Blutzuckerspiegel. Und obwohl Männer sagen, sie wären in bestimmten Situationen gefühlsmäßig kaum angesprochen, zeigen solche objektiven Messungen der Gefühlsbeteiligung das Gegenteil. Sie belegen sogar, dass Männer in Gottmans Versuchsanordnung körperlich ein höheres Gefühls-Engagement zeigen als Frauen – so hoch, so belastend, dass sie versuchen, Gesprächen über Gefühle aus dem Weg zu gehen.
Einfache physiologische Messungen können also Jahrhundertfragen abschließend beantworten und Diskussionen beenden, die an die mittelalterliche Diskussion erinnern, wie viele Beine eine Fliege hat. Darüber ist von den Scholastikern genauso emotional und genauso intensiv disputiert worden wie heute über »Gefühle« – bis eben ein Fliegenbeinzähler kam und sagte, was Sache ist.

2. Auch Frauen haben Probleme, eigene Gefühle zu erkennen.

Mit einem ähnlichen Forschungsansatz wie Gottman hat ein englischer Psychologe, John Nickelson, zeigen können: In gefühlsbetonten Situationen berichten Frauen zwar häufiger, dass sie tiefer betroffen sind als Männer. Bei erotischen Filmen hingegen sagen Männer häufiger als Frauen, dass sie erregt waren. Erotische Filme aber erregen Frauen – objektiv gemessen – körperlich in etwa gleich stark wie Männer, nur: Frauen gestehen das nicht nur anderen, sondern auch sich selbst nicht ein. Sie bemerken entweder ihre körperliche Erregtheit überhaupt nicht oder »interpretieren« sie auf andere Weise. Und genauso haben Männer größere Schwierigkeiten, Gefühle zu zeigen – anderen Menschen, aber auch sich selbst gegenüber.

3. Auch Frauen haben Schwierigkeiten, über Gefühle zu reden oder Gefühle zu zeigen.

In Umfragen zur Sexualität äußern viele Männer den Wunsch, dass ihre Partnerin mehr Initiative zeigen sollte. Die »abwartende Passivität« ihrer Partnerin kann erklären, warum viele Männer sexuell unzufrieden sind, so die Sexualtherapeuten Stephan Hoyndorf, Marion Reinhold und Fred Christmann vom Institut für Verhaltenstherapie und Verhaltensmedizin in Stuttgart.

Hinter der fehlenden Freude, sexuelles Begehren zu zeigen, steht nach Ansicht der Stuttgarter Psychologen Angst vor Kontrollverlust. Diese zeigt sich bei sexueller Aktivität zum Beispiel als

- Angst zu schreien oder
- Angst, sich vor lauter Lust »tierisch« zu verhalten.

Solche Ängste halten die Therapeuten in erster Linie für die Angst vor Ablehnung. Ursache für »abwartende Passivität« kann aber auch Selbstunsicherheit sein oder Unsicherheit über die Beziehung. Beides äußert sich etwa als

- Angst vor zu viel Gefühl
- Angst vor emotionaler Öffnung oder
- Angst, aufgrund eigener Gefühle vom Partner abhängig zu werden.

Hoyndorf, Reinhold und Christmann führen das Entstehen

solcher Ängste auf die Erziehung zurück. Eine »tabuhafte Sexualmoral« kann aber auch Angst vor »perversen« oder aggressiven Impulsen erzeugen. Für die Sexualberatung empfehlen sie, diese Ängste sorgfältig abzuklären, da auf Seiten eines Partners oder beider »möglicherweise tatsächlich perverse oder sadistische Neigungen vorliegen können«.

4. Frauen erleben im Verhältnis mit einer anderen Frau tiefere menschliche Nähe als in der Partnerschaft mit Männern.

Dies zeigt eine Befragung der New Yorker Psychologin Susan C. Rosenbluth[36] von 45 Frauen, die mit einer Frau, und von weiteren 45 Frauen, die mit einem Mann in einer Paarbeziehung leben.

Bereits bei normalen Freundschaften zeigt sich, dass Frauen stärker an Intimität interessiert sind als Männer. Frauen haben zwar genauso große Tendenzen zur »Flucht vor Nähe« wie Männer, überwinden sie aber erfolgreicher. Frauen, so zeigen andere Forschungsarbeiten, öffnen sich leichter und sprechen von Frau zu Frau häufiger über Gefühle, während Männer untereinander eher Sachmitteilungen machen und über Tatsachen reden.

In der Partnerschaft bleiben diese Grundeigenschaften erhalten. Frauen fühlen sich deshalb in der Partnerschaft mit einem Mann – anders als im Verhältnis mit einer Frau – emotional eher unausgelastet. Lesbische Partnerschaften bieten Frauen zudem eine gleiche Verteilung von Rechten, Einfluss und Pflichten. Im Zusammenleben mit Männern fühlen sich Frauen hingegen oft machtlos.

Intimität sehen Frauen als einen Prozess an, der immer offenere Gespräche und immer tieferes gegenseitiges Verständnis zum Ziel hat. Männer sehen Intimität hingegen eher als einen Zustand an, der manchmal eintritt und manchmal nicht. Intimität – nicht nur und nicht unbedingt sexuell gemeint – ist wichtig für die körperliche Gesundheit und das seelische Wohlbefinden. So zeigen Untersuchungen, dass Frauen Stress gut verarbeiten, wenn sie eine vertrauensvolle Partnerschaft eingehen konnten. Bei gleichem Maß an Stress ohne einen »Konfidenten« an ihrer Seite hingegen werden sie eher depressiv. Rosenbluths Forschung lässt sich auf den knappen Nenner bringen: Frauen sind gern intim. Männer werden gern intim.

Nur zwei psychische Unterschiede zwischen Mann und Frau

Zusammengefasst: Mit Gefühlen sollte man »mit Gefühl« umgehen, also mit Verstand. Gefühle sind kein Wert an sich. Sie sind auch kein Privatbesitz des einen Geschlechtes. Sie fehlen beim anderen nicht. Und vieles, was wir heute mit Gefühlsfähigkeit meinen, bezieht sich nicht auf die Gefühle selbst, sondern auf den kommunikativen Aspekt, auf die Fähigkeit, über Gefühle zu reden, und darauf, im Reden über Gefühle einen Wert zu sehen.

Mit Recht hat die Frauenforschung der vergangenen Jahrzehnte auf fahrlässigen Umgang mit Menschen hingewiesen – darauf etwa,

- dass man aus der (richtigen) Beobachtung, dass Frauen im Durchschnitt weniger Gehirn-«Masse« haben, geschlossen hat, dass Frauen geistig auch weniger »Klasse« besitzen; oder
- dass Sigmund Freud aus der (ebenfalls richtigen) Beobachtung, dass Frauen keinen Penis haben, auf eine Art angeborenes Minderwertigkeitsgefühl bei Frauen (»Penisneid«) geschlossen hat.

Männer sollten sich ebenfalls gegen unzulässige Vereinfachungen schützen. Am besten mit einer Studie der amerikanischen Psychologinnen Eleanore Maccoby und Carol Jacklen, die bereits 1974 ein Buch mit dem (übersetzten) Titel »Die Psychologie der Geschlechtsunterschiede« veröffentlicht haben. Beide haben sich der unendlichen und dankenswerten Mühe unterzogen, viele hundert wissenschaftliche Studien über das Thema »Geschlechtsunterschiede« auf ihre wissenschaftliche Haltbarkeit hin zu überprüfen. Ergebnis: Beinahe nur Spreu, kaum Weizen.

Auch was in wissenschaftlichem Gewand daher kommt,

112

muss sich deshalb noch nicht immer Richtung Wahrheit bewegen.

Die Ergebnisse dieses dicken Buches können in zwei Sätzen von Maccoby und Jacklen zusammengefasst werden:

1. Mädchen haben größere verbale Fähigkeiten als Jungen.
2. Jungen sind aggressiver als Mädchen, sie haben größere mathematische Fähigkeiten. Und sie sind besser – und darauf werden wir gleich noch kommen – im räumlichen Sehen und Denken.

Frauen sind also die »Links-Hemisphäriker«. Sie sind bereits als kleine Mädchen den Jungen sprachlich überlegen. Im Alter von etwa elf Jahren holen die Jungen weitgehend auf, danach ziehen die jungen Frauen aber erneut und uneinholbar davon.

Männer zeigen hingegen beim räumlichen Sehen und Denken Überlegenheit – und das ist in der rechten, der angeblich »weiblichen« Gehirn-Hälfte, lokalisiert.

So gibt es viele Beispiele dafür, dass unser Verständnis von »männlich« und »weiblich« nicht unbedingt mit dem korrespondieren muss, was Männer und Frauen auszeichnet bzw. was sich für sie »geziemt«.

Größere sprachliche Fähigkeiten, wie sie (und immer geht es hier um per-Saldo-Angaben, also um Durchschnittswerte) bei Frauen vorliegen, sind ebenfalls »ein kleiner Unterschied«, dessen große Folgen wir erst heute richtig zu würdigen beginnen.

So schreibt der Hamburger Psychologe Peter R. Hofstätter[37], dass sich »... die beiden Geschlechter mit einer gewissen Regelmäßigkeit in ihrem Denken unterschiedlicher Strategien bedienen. Die Männer neigen eher dazu, ihre Erlebnisse in einem anschaulich gegliederten Aktionsraum zu lokalisieren, während die Frauen dazu tendieren, diese sprachlich zu kodieren und zu verarbeiten.«

Das allerdings hat Folgen. Weiter Hofstätter:

»Wer spricht, ist ... auf einen Partner angewiesen, der ihm zuhört und antwortet; er darf sich daher nicht allzu weit von den üblichen Formen und Inhalten der Kommunikation entfernen, da er sonst bald ohne Resonanz bliebe. Agieren kann man dagegen notfalls auch allein oder sogar gegen den Willen anderer.«

Um es Männern gegenüber liebenswürdig zu formulieren: Der »zerstreute Professor«, das ist ein ziemlich gutes Bild ihrer Intelligenz. Und da es ihnen an »praktischer Intelligenz« oft ganz fehlt, brauchen sie einen Menschen, der neben ihnen die typische Frauenrolle ausfüllt: im Hintergrund wirken, die einfachen Dinge für sie erledigen und dem »Meister« mit einem gezielten Tritt die Richtung für seine Höhenflüge angeben.

Und in hoch vernetzten Gesellschaften geht es vor allem um Kommunikation.

Emotionale Fitness (I): Management der negativen Emotionen

»Nichts ist törichter, als zu glauben, dass das Neuere immer auch das Bessere sei«, hat Arthur Schopenhauer einmal gesagt.

Durch nichts ist Scharlatanerie in den Human- und Sozialwissenschaften (und ihren populärwissenschaftlichen Kindern und Kegeln) leichter zu entdecken als durch den Gebrauch der drei Buchstaben des Wortes »neu« im Sinn von »vergessen Sie alles, was Sie bisher gewusst haben, denn jetzt kommt endlich das, worauf die Welt gewartet hat«.

Die Psychologie hat ihren »Albert Einstein«, die Forscherin oder den Forscher, die/der etwas grundlegend Neues entdeckt hat, noch nicht gefunden, und es ist auch nicht zu erwarten, dass es solch einen Menschen in absehbarer Zukunft oder überhaupt geben wird.

Die wissenschaftliche Psychologie ist ein relativ junges Fach. Die erste psychologische Zeitschrift Deutschlands – die Zeitschrift für Erfahrungsseelenkunde – ist zum Beispiel erst gegen Ende des 18. Jahrhunderts gegründet worden (durch Karl Philipp Moritz, mehr oder weniger gelittener Literat aus dem Kreis um Goethe), das erste psychologische Universitäts-Institut der Welt übrigens ist das von Wilhelm Wundt 1885 in Leipzig gegründete.

Aber es sollen bereits Menschen vor 1885 gelebt haben ... Diese Menschen haben auch nicht in einem »dunklen Zeitalter« gelebt, während erst wir heutigen Menschen über Erleuchtung verfügen, denn psychologisches Wissen hat es immer gegeben. Vieles findet sich in Aristoteles' Nikomachischer Ethik oder in seiner Schrift »Über die Seele«, so etwa, dass auch Tiere und sogar Pflanzen eine Seele haben.

Mit Seele gemeint ist ein innewohnendes gestaltendes Prinzip, das ihnen »Form, Wachstumsfähigkeit, Fortpflanzungs-

und Ernährungsmöglichkeiten« gibt (Kröners »Geschichte der Psychologie«) – eine treffende Umschreibung für das, worauf die Positive Psychologie den Akzent setzt.

Neu in der Psychologie ist oft, was altbekannt ist, in den Hintergrund getreten ist und wieder neu gesehen wird, und was deshalb mit neuen Worten belegt wird. Die »Positive Psychologie« ist ein gutes Beispiel dafür. Der zentrale Gedanke der Positiven Psychologie, nämlich auf menschliche Stärken zu bauen, statt Fehler, Schwächen und Probleme an sich selbst und an anderen in den Fokus des Menschenbildes zu rücken, wie es die Psychologie vor allem im vergangenen halben Jahrhundert getan hat, ist nicht neu. Er kann aus Aristoteles' Verständnis der Seele abgeleitet werden.

Neu ist auch nicht, was »Emotionale Intelligenz«[38] genannt wird und was durch den amerikanischen Wissenschaftsjournalisten Daniel Goleman – ehemals Chefredakteur der populärpsychologischen Zeitschrift Psychology Today, später Psychologie-Fachautor der New York Times – weltweit bekannt gemacht worden ist.

Emotionale Intelligenz? Ist das nicht ein Widerspruch in sich? Kann es eine Verbindung – heute würden wir sagen: Synergien – von Ratio und Gefühl geben?

Für Aristoteles ja. Für ihn besitzt der Mensch ebenfalls jenes »innewohnende Gestaltungsprinzip«, das er Seele nennt und bereits in der Pflanzen- und Tierwelt erkennt. Beim Menschen kommt vernünftiges Denken hinzu, das aber »die niederen Vermögen der Pflanzen- und Tierseele« (Kröners »Geschichte der Psychologie«) voraussetzt.

»Es ist der denkenden Vernunft eigentümlich, sich … niemals besiegen zu lassen, weder von der Bewegung der Sinne noch der Triebe«, sagt einer der großen Psychologen im Geiste des Aristoteles, der römische Kaiser Mark Aurel, »denn es [das Denken] ist seiner Natur nach befähigt, alle jene [die ›Bewegungen der Sinne und Triebe‹] zu gebrauchen.«

Das Ziel der Lehre von der Emotionalen Intelligenz lässt sich kaum besser beschreiben. Es liegt in dem, was man heute

»Emotions-Management« nennen könnte oder eben »Emotionale Fitness«, wie in diesem Kapitel, das diese Möglichkeiten beschreibt.

Der Begriff ist neu. Doch nur das, was hinter diesem Begriff steht, scheint vielen neu zu sein. Positive Psychologie und Emotionale Intelligenz sind jedoch nichts anderes als ein Weg zur Antwort auf alte Menschheitsfragen, der bereits gegangen, aber von vielen längere Zeit nicht mehr betreten worden ist.

Sie werden überrascht sein, wie viel Ihnen von dem, was zum Beispiel

- über eine Erziehung zu »Emotionaler Intelligenz« und
- über eine Erziehung mit »Emotionaler Intelligenz«

bereits bekannt ist und wie viel Sie selbst als Mutter, Vater oder als ein Mensch, der auf andere Weise mit der Erziehung von Kindern oder mit dem Umgang von Menschen generell befasst ist, bereits verwirklichen. Der Sinn dieses Buches liegt vor allem darin, Sie auf diesem Weg zu bestärken.

Emotions-Management

Emotionale Fitness bedeutet: die »richtige Mischung« aus Intelligenz und Emotionen finden.

Der Mensch kommt »als Pflanzen- und Tierseele« auf die Welt, also mit einer ihm innewohnenden Stärke, einem »gestaltenden Prinzip«, das ihm zum Beispiel »Form« und Wachstumsfähigkeit gibt. Der Mensch erwirbt die Sprache, wesentliche Voraussetzung für vernünftiges Denken, und Erziehung heißt nicht nur, das Denken per se zu fördern und einen Intelligenzbrocken, ein »Superhirn« zu erziehen, sondern, wie Mark Aurel es gesagt hat, das Denken einzusetzen, um auch die »Bewegungen der Sinne und Triebe« zu gebrauchen.

Daniel Golemans Ausgangspunkt waren zwei Beobachtungen, die alle einfühlsameren Menschen bereits gemacht haben – nämlich dass heute

1. eine eigenartige, vielerorts spürbare, »seelische Grausamkeit« der jungen Generation gegenüber praktiziert wird. Sie zeigt sich nicht nur in einer Erziehung, die sich auf Gewalt

stützt (siehe Kapitel 3), sondern auch in einem oft prakti-
zierten Verzicht auf emotionale Erziehung, auf eine Erziehung also, die den Menschen nicht zum Spielball der »Bewegungen der Sinne und Triebe« macht. Wer Beispiele
sucht, sollte Werbespots, die auf die Zielgruppe »Kind« gerichtet sind, anschauen. Bedürfnisbefriedigung pur wird ihnen vorgelebt;
2. viele junge Menschen eine Härte, Abgeklärtheit und cool-
ness zeigen, die in früheren Jahren unbekannt war. Und
manche junge Menschen zeigen eine in unserer Zeit und
Gesellschaft unerwartete Grausamkeit: Gewalt, bewaffnet
zur Schule gehen etc. – Sie haben davon gelesen und es hof-
fentlich noch nicht selbst erfahren.

Goleman glaubt – und damit hat er Recht –, dass eine Förderung der »emotionalen Intelligenz« beiden Entwicklungen
Einhalt bieten kann. Noch haben wir bei uns keine amerikanischen Verhältnisse, noch leben wir nicht in einem Land, in
dem die Schüler manchmal bereits wie bei den Flughafenkon-
trollen durch Metalldetektoren in die Schule gehen müssen.
Aber: Wehret den Anfängen.

Emotionale Intelligenz in der Erziehung

Goleman hat eine inzwischen als gesichert anzusehende Erkenntnis weltweit bekannt gemacht: »Emotionale Intelligenz« ist wichtiger als der »IQ«. Das heißt:

- Für den Erfolg in der Schule und nach der Schule ist Emotionale Intelligenz wichtiger als das, was wir an Schulen und
Universitäten lernen.
- Die Wirtschaft braucht keine IQ-Genies, sondern Menschen mit Emotionaler Intelligenz.
- Das Zusammenleben der Menschen in der Familie und in
der Gesellschaft kann durch die Entwicklung der Emotionalen Intelligenz wesentlich verbessert werden.
- Auch Scheidungen und die meisten seelischen wie körperlichen Gewalt-Taten könnten durch Emotionale Intelligenz
vermieden werden.

Zwei »Tests« zeigen, wie das Vorhandensein von Emotionaler Intelligenz bei einem Kind und in einer Familie »gemessen« werden kann.

1. **Der Marshmellow-Test.** Der überzeugendste ist der so genannte Marshmellow-Test. Marshmellow ist eine klebrige amerikanische Süßigkeit, die alle Kinder lieben.

Kindern im Kindergarten-Alter wurde für das Erledigen einer Aufgabe ein Marshmellow versprochen – ein großer Anreiz. Falls die Kinder aber bereit waren, auf die Marshmellow-Belohnung etwa eine Stunde lang zu verzichten, wurden ihnen zwei Marshmellows versprochen. Dies ist eine in diesem Alter schwierige Bedingung. Kinder leben ja im »Hier und Jetzt«. Ihr Lebensmotto ist »Wenn schon, dann auch sofort«. Psychologisch gesehen geht es hier um die wichtige Frage des Bedürfnis-Aufschubs.
Dieselben Kinder hat man Jahre später auf ihren Schul-Erfolg hin getestet. Überraschendes Ergebnis: Kinder, die in frühen Jahren Bedürfnis-Aufschub gelernt hatten – genau die also, die sich nicht für ein Marshmellow sofort, sondern für zwei Marshmellows später entschieden hatten – waren in der Schule deutlich erfolgreicher.

Wie ist das zu erklären?
Diese Kinder haben eine intelligente Entscheidung getroffen, denn zwei Marshmellows sind mehr als einer. Und für diese Entscheidung haben sie eine große Leistung erbracht: Sie haben für ein höheres Ziel darauf verzichtet, sofort etwas Gutes zu bekommen. Sie haben ihr Bedürfnis nach einer geliebten Süßigkeit kontrolliert.
Der Marshmellow-Test sagt Schulerfolg besser voraus als alle Kinder-IQ-Tests. Es ist also eine gute Investition, Kinder anders zu erziehen, als es ihnen durch die Werbung suggeriert wird.

2. **Der Familien-Test.** Ein weiterer überraschender »Test« für den Schulerfolg hat ebenfalls etwas mit den Gefühlen und nicht mit der Intelligenz zu tun. Es geht dabei um das emotionale Klima in der Familie.
Der Kinderpsychologe und Ehe-Forscher John Gottman

(University of Washington)[39] hat festgestellt: Kinder aus Familien, in denen die Eltern wenig miteinander streiten, sind bei ihren Mitschülern beliebter, werden von ihren Lehrern besser akzeptiert und respektiert, haben weniger Verhaltensprobleme, und ihnen fällt auch das Lernen leichter.

Solche Kinder wachsen in Familien auf, in denen Gefühle nicht etwa unterdrückt werden – im Gegenteil: Das Familien-Klima ist gefühlsbetont. Aber: Das Ausleben von negativen Gefühlen – und jeder Mensch hat sie – wird kontrolliert.

Stören Sie sich dabei nicht an dem Wort »kontrolliert«. Es heißt nicht, dass negative Gefühle verdrängt oder bestraft werden, sondern dass die Familienmitglieder in der Lage sind, mit diesen negativen Gefühlen in einer Weise umzugehen, dass sie andere Menschen nicht verletzen, was zu Streit und immer mehr Streit und zu Siegern und Verlierern in der Familie führen würde.

Um welche Gefühle geht es?

Jeder Mensch hat negative Gefühle, die für das Leben in der Gemeinschaft hinderlich sein können. Die wichtigsten sind die, mit denen wir auf die Welt kommen bzw. die wir in den ersten Lebensphasen entwickeln, weil sie für das Überleben wichtig sind.

Ein Baby kann ja noch nicht sprechen, kann noch nicht mit Hilfe von Worten mitteilen, was es denkt, fühlt oder braucht. Das Mittel der Wahl sind Gefühle, konkreter: negative Gefühlsäußerungen wie die in diesem Buch oft genannten »Großen Drei«:

- Ärger und Wut (»Aggression«),
- Angst und Furcht,
- Trauer (»Depressivität«).

Diese Gefühle begleiten den Menschen sein Leben lang. Wer es schafft,

- sie zu »bändigen«, wo sie einem selbst schaden, und
- sie in einer Form herauszulassen, dass es einem selbst nützt,

120

ist auf einem guten Weg durchs Leben. Darum geht es in der Erziehung zu Emotionaler Intelligenz.

Niemand soll sich allerdings darüber täuschen, dass dies ein langer Weg ist. Kinder brauchen Jahre, bis sie einen Pullover allein anziehen oder die Schnürsenkel ihrer Schuhe zubinden können – und bei der Gefühls- und Bedürfnis-«Kontrolle» geht es um sehr viel kompliziertere Dinge. Ebenso wichtig ist der folgende Hinweis:

* Wer glaubt, man müsse einem Kind die negativen Gefühle austreiben, der richtet Schaden an.

Das zeigt sich ganz einfach am Beispiel der Wut. Wut in Verhalten umgesetzt nennen wir Aggressivität – eines der großen Probleme unserer Zeit (nein: aller Zeiten!). Man kann Kindern alle Äußerungsformen von Aggressivität austreiben, man kann sie regelrecht aus ihnen herausprügeln. Das heißt: So lange Kinder klein und schwach und abhängig sind, kann man ihre Aggressivität durch Aggressivität kontrollieren.

Wehe aber, wenn diese Kinder nicht mehr klein und schwach und abhängig sind. Dann werden viele von ihnen selbst aggressiv.

Erziehung zu einem emotional intelligenten Umgang mit den eigenen negativen Gefühlen bedeutet also: Kinder in die Lage versetzen, mit diesen Gefühlen in richtiger Weise und aus eigener Kraft und Kompetenz umzugehen.

Aufmerksam sein und zuhören

Die wichtigste erzieherische Fähigkeit, die Eltern für eine Erziehung zur Emotionalen Intelligenz brauchen, ist Aufmerksamkeit. Wie man sie erwirbt, das können Eltern am besten von ihren Kindern lernen.

Ein Baby schläft viele Stunden am Tag, es hat dazwischen aber bereits von den ersten Stunden des Lebens an Phasen absoluter Wachheit. Ein Schnippen mit den Fingern, ein anderes Geräusch, ein Mobile am Kinderwagen, später ein Bild weiten die Augen des Babys. Es ist dann »voll in der Situation«, voll konzentriert.

Was ist da los – scheint es zu fragen. Kleine Kinder besitzen nämlich die positive Grund-Emotion, die in dem vorliegenden Buch »Neugier aufs Leben« genannt wird. Diese Grundhaltung dem Leben und den Menschen gegenüber geht vielen verloren. Sie wird ersetzt durch ein »Ich weiß ja schon alles«.

Eltern sollten »als Grundstellung« ihrem Kind gegenüber also:

- richtig hinschauen
- »mit den Augen zuhören«
- mit den Ohren zuhören
- »mit den Händen zuhören«
- nicht schon wissen, bevor man nicht mit den Augen, den Ohren, den Händen gefühlt, eingefühlt und verstanden hat.

»Merke langsam – und am besten überhaupt nicht«, so hat ein Psychologe diese »Grundhaltung« einmal genannt. Gib Zeit, gib Raum, damit sich dein Gegenüber entfalten und zeigen kann, was ist.

Diese Haltung kann mühevoll sein. Wir Menschen neigen zur Ungeduld. Und wenn uns jemand »nervt«, werden wir nervös, wütend oder ziehen uns zurück. Das heißt: Unsere negativen Grundgefühle, Wut und Deprimiertheit, übernehmen die Regie.

Emotional intelligent ist das nicht – weder unserem Kind, noch unseren Eltern, noch unserem Partner gegenüber. Und es ist nicht sehr effektiv. Wer sich nämlich ein paar Minuten Zeit für einen Menschen – für das Kind, die Eltern, den Partner – nimmt, wird eine große Entdeckung machen: In aller Regel teilt der andere mit, wie er sich fühlt und was er denkt.

Anders ausgedrückt: Das kleine Kind leistet bereits einen wesentlichen Beitrag zur Erziehung. Deshalb ist die Kunst des Zuhörens so wichtig. »Wer nicht hören will, muss fühlen«, hieß früher ein bekannter Erziehungsspruch. Und mit »Fühlen« war das Fühlen von Schlägen gemeint. Lassen Sie ein einziges Wort aus diesem Satz weg, und Sie wissen, was es heißt, mit Emotionaler Intelligenz zu erziehen (und überhaupt: mit Emotionaler Intelligenz allen Menschen zu begegnen): Wer hören will, muss fühlen.

Einfühlungsvermögen allein reicht nicht

So wichtig die eben benannte »Grundhaltung« in der Erziehung ist – das Leben ist komplizierter, und ein einziger Tipp
oder Trick reicht nicht. Hinzu kommen muss – wie meist im
Leben – etwas Zweites, und dieses Zweite ist oft genug das
Gegenteil des Ersten.

> Beispiel: Wer alles im Leben mit Selbst-Disziplin erreichen
> will, bringt es weniger weit, wird weniger glücklich als ein
> Mensch, der zusätzlich auch die Kunst der Selbst-Toleranz
> beherrscht. Wir müssen abwechseln zwischen »strammer
> Haltung« und »locker lassen«.

Aufmerksamkeit im Umgang mit Menschen, wie eben gefordert, ist eine wichtige Tugend. Ebenfalls wichtig aber ist das
genaue Gegenteil: Wissen, was man will. Agieren und nicht
immer nur reagieren.

Eltern sollten also ihre wesentlichen Erziehungsziele nie
aus den Augen verlieren, damit sie die eigene Orientierung
nicht ebenfalls und noch dazu sich selbst »in der Situation«
verlieren. Der Lohn dieser Anstrengung ist bedeutend. Er
liegt in der Erziehung einer standhaften Persönlichkeit.

Über Charakter-Deformationen wissen wir heute beinahe
mehr als über die Persönlichkeits-Bildung nicht korrumpier-
barer Menschen. Wie aber wachsen Menschen auf, die ange-
sichts einer bedrohten Zukunft einen klaren Verstand behalten und Charakter zeigen? Der Kasseler Pädagoge Dietfrid
Krause-Vilmar[40] nennt am Beispiel des Widerstandskämpfers
Adam von Trott zu Solz einige Voraussetzungen:

- Familie: Sie ist, wie bei Trott, in ihren Grundlagen in Ordnung; es gibt ein achtungsvolles und vertrautes Verhältnis
  der Kinder den Eltern gegenüber; und die Eltern haben
  hohe Erwartungen an die Kinder – im Fall Trotts war es aufgrund der Familientradition die Erwartung einer öffentli-
  chen Tätigkeit.
- Moralische Festigung: Bei Trott war es ein christlich fun-
  diertes, aber nicht deklamiertes Rechts- und Staatsver-
  ständnis.

- Geisteshaltung: Trott wird geschildert als Grundsätzen verpflichtet, unnachgiebig, gesprächsbereit, diskussionsfreudig, nicht konfliktscheu, bereit zur Verantwortung für andere Menschen.
- Menschenliebe: Trott hatte zahlreiche Freunde, und er pflegte diese Freundschaften auch bei räumlicher Trennung. Seine Kontakte aus englischen Studienzeiten ermöglichten ihm in der Hitlerzeit als jungem Mann von noch nicht 30 Jahren etwa Gespräche mit dem englischen Premierminister über die Gefahren, die vom Dritten Reich ausgingen.
- Selbstbewusstsein: Adam von Trott wehrte sich seit Kindheit und Jugend gegen Bevormundung – etwa im Internat, als er sich die Kontrolle seiner Lektüre durch seine Lehrer verbat.
- Fleiß und Erfolg: Trott promovierte bereits mit 21 Jahren.
- Offenheit: Trott war adlig und stand der SPD nahe, er war bekennender Christ und hat sich der konfuzianischen Philosophie geöffnet.
- Klarer Blick für die Zukunft: Der spätere Legationsrat im Auswärtigen Amt erkennt als 22-jähriger bei Hitlers »Machtergreifung« 1933, dass seine Lebensperspektive sich radikal gewandelt hat, dass Kampf notwendig werden wird. Adam von Trott zu Solz hat die gesamte NS-Zeit für eine Staatsidee gekämpft, die die Rechte des Einzelnen über die staatliche Macht stellt. Er hat sich – ähnlich wie etwa Helmuth James Graf Moltke – nicht einer Partei, einer gesellschaftlichen Klasse oder Ideologie zugerechnet, sondern seine Standfestigkeit folgte, vereinfacht gesagt, aus seinen anerzogenen, seinen selbsterarbeiteten und gelebten Überzeugungen.

Kinder sozial und emotional fit machen

Wer seine Kinder gut auf das Leben vorbereiten möchte, sollte sie zu allererst darauf vorbereiten, dass sie für die Schule fit sind.

Das erreicht man nicht dadurch, dass man mit ihnen den Schulstoff einübt, sondern dass man sie »seelisch fit« macht.

Hier ist ein kleiner Schulreife-Test. Kinder sollten am Tag der Einschulung

- selbstsicher sein und interessiert sein,
- wissen, welches Verhalten in der Schule erwartet wird und wie weit sie ihren Impulsen, sich auszuagieren, in der Schule nachgeben können,
- sie sollten warten, um Hilfe bitten und Anweisungen folgen können,
- sollten eigene Bedürfnisse zeigen und sie zugleich mit den Bedürfnissen der anderen Kinder in Einklang bringen können.

Der guten Schulbildung geht also gute menschliche Bildung voraus, und zur menschlichen Bildung gehört das, was unter dem Sammelbegriff »Emotionale Intelligenz« zusammengefasst wird. Es geht um fünf besondere Fähigkeiten, die von frühester Kindheit an gefördert werden müssen:

1. **Selbst-Bewusstsein.** Das ist hier ganz im Sinn des Wortes gemeint: Sich seiner selbst bewusst sein, sich selbst kennen, das eigene Leben kennen und vor allem auch um das eigene Gefühlsleben wissen. Das schafft die Grundlage für
2. **Selbst-Management.** Gemeint ist: Die eigenen Stimmungen, die eigenen Gefühle so weit im Griff haben, dass man unter Stress nicht nervös wird, sondern ruhig bleibt, dass man Gefühle von Angst gut abwehren kann und dass man sich von negativen Gefühlen schnell regeneriert. Daraus entsteht
3. **Selbst-Motivation.** Gemeint ist: Fleißig sein, zäh sein, an einer Aufgabe dranbleiben, nicht verzagen, wenn etwas nicht klappt, sich nicht entmutigen lassen.

Die ersten drei Dimensionen der Emotionalen Intelligenz hängen also stark mit der eigenen Person, mit dem eigenen Selbst, zusammen: sich seiner selbst bewusst sein; seine eigenen Stimmungen einigermaßen kontrollieren und sich selbst motivieren können. Die verbleibenden beiden Dimensionen beziehen sich hingegen auf das Verhältnis zu anderen Menschen:

4. Empathie. Gemeint ist: Verstehen, was andere Menschen fühlen. Empathie ist etwas Ähnliches wie Sympathie. Sympathie bedeutet: mit einem anderen Menschen fühlen, mitleiden, in Mitleidenschaft gezogen werden. Empathie bedeutet: sich in den anderen Menschen hineinversetzen können – und zwar auch und gerade in Menschen, die wir nicht sympathisch finden. Ein Polizeipsychologe, der einen Kidnapper zur Aufgabe bringt, hat sehr viel Empathie, allerdings muss er deshalb den Kidnapper nicht sympathisch finden.

5. Engagement. Gemeint ist: Sich unter die Menschen begeben, das Leben nicht als Zuschauersport ansehen, nicht die Menschen beobachten, sondern etwas mit ihnen zusammen machen. Gut mit anderen Menschen zurechtkommen, Freude daran empfinden, unter Menschen zu sein.

»Mensch sein heißt: Verantwortung fühlen«, so hat Antoine de Saint-Exupéry einmal gesagt. Das ist »Emotionale Intelligenz«. Goleman hat mit seinen Büchern dafür gesorgt, dass ein wichtiges Thema der Psychologie endlich dort zur Sprache kommt, wo es hingehört: beim »Endverbraucher« von Psychologie, bei Menschen, denen Psychologie Nutzen bringen soll.

Emotionale Fitness (II): Management der positiven Emotionen

Alle Menschen kommen mit einem Grundstock von Gefühlen auf die Welt. Man kann sie in positive und negative Gefühle unterteilen. Zu den negativen gehören Furcht, Angst, Abscheu/Ekel oder Ärger.

Charles Darwin hat uns gelehrt, dass alles, was wir körperlich, geistig und seelisch mit auf die Welt bringen, einen Sinn hat. Dieser Sinn liegt in der Selbsterhaltung und damit letztlich in der Erhaltung der Art.

Psychologisch gut erforscht und auch für den psychologischen Laien relativ leicht erklärbar ist, warum wir negative Gefühle haben:

- Furcht tritt auf in Situationen der Gefahr. Furcht aktiviert unseren Körper und macht uns in Bruchteilen von Sekunden bereit zur Flucht. (Angst unterscheidet sich von Furcht dadurch, dass bei Furcht bekannt ist, was unsere negative Emotion hervorbringt – zum Beispiel das Raubtier, dem der Ur-Mensch begegnet, und dem er sich nicht gewachsen fühlt. Angst ist eine der Furcht vergleichbare negative Emotion – außer dass nicht so offensichtlich ist, wodurch sie hervorgerufen wird.)
- Ärger und Wut funktionieren ähnlich: Wieder innerhalb von Sekunden-Bruchteilen wird der Körper aktiviert – aber wir flüchten nicht, sondern halten mit höherer Wahrscheinlichkeit stand, das heißt: Wir sind bereit zu kämpfen.
- Abscheu/Ekel ist ein Gefühl, das zwar unangenehm, aber lebens- und art-erhaltend sein kann. Wir werden bei Abscheu/Ekel dazu verleitet, etwas von uns abzuweisen – einen unangenehmen Menschen oder eine unangenehme Speise –, obwohl hier weder Furcht noch Angst noch Aggressivität eine Rolle spielen, sondern eher die Vorsicht. Flucht und Kampf sind nicht nötig, aber wir empfinden es

als vernünftig, gewissen Menschen, Dingen und Situationen aus dem Wege zu gehen, sie nicht an uns heranzulassen oder sie zu ignorieren.

Der Wert der negativen Emotionen

Aus alltäglichen und wissenschaftlichen Beobachtungen dieser Art sind auch die wissenschaftlichen Gefühlstheorien zusammengesetzt. So sehr einzelne Forscher hier auf unterschiedliche Akzente Wert legen, gemeinsam ist unserem Verständnis von Gefühlen, dass sie

1. zusammenhängen mit der Grob-Einschätzung eines Menschen, eines anderen Lebewesens, einer Situation, einer Sache;
2. dass sich diese Einschätzung auf der Basis von Gefühlen schneller herausbildet als durch gewissenhaftes Nachdenken – was manchmal übertrieben, oft genug aber günstig sein kann, etwa wenn man einer Gefahr aus dem Wege geht.
3. Negative Emotionen haben Auswirkungen auf unseren Geist. Es wird nicht lange nachgedacht, Verhaltensalternativen werden nicht lange abgewogen. Die Fähigkeit zu logischem oder kreativem Denken wird eingeschränkt.
4. Eingeschränkt wird auch das Verhaltensspektrum, wie eben schon erwähnt. Bei Angst: weglaufen. Bei Wut: kämpfen usw. (Auf Unterschiede im Verhalten von Frauen und Männern, neu erforscht durch die Psychologin Shelley Taylor, ist in Kapitel 8 hingewiesen worden.)

Die amerikanische Psychologin Barbara Fredrickson von der University of Michigan, auf die wir gleich ausführlich zurückkommen, fasst die Wirkung der negativen Emotionen auf das Repertoire unserer Gedanken und unseres Verhaltens wie folgt zusammen:

Was wir in dem Moment, in dem eine negative Emotion auftritt, denken und tun können, ist stark eingeschränkt und hat mit Sicherheit dem Überleben unserer Vorfahren gedient. Dieser Überlebens-Wert ist nicht auf die vier als Beispiele genannten negativen Emotionen beschränkt. Sie gelten genau so für andere negative Emotionen wie zum Beispiel Trauer.

Zusammenhang von Krankheit und negativen Emotionen?

Auch der trauernde Mensch verharrt in seinen Gedanken meist bei einem bestimmten Thema, ist hier nicht in der Lage, gedanklich auszubrechen oder kreativ eine andere Sicht der Dinge zu finden, und er ist in seinem Verhaltensspektrum ebenfalls stark eingeschränkt. Als nachgewiesen kann gelten,

- dass Trauer zu einem Verlust an Arbeitsproduktivität führt.
- Trauer hängt für manche Menschen nur noch mit der Wahl zwischen zwei Verhaltensalternativen zusammen: Überleben oder freiwillig aus dem Leben scheiden.
- Traurigkeit und lang andauernde Trauer können sich bei manchen Menschen zu einer »unipolaren Depression« entwickeln. Gemeint ist damit ein Seelenzustand, der sich vom klassischen psychiatrischen Bild des »manisch-depressiven Irreseins«, wie es der Münchner Psychiater Emil Kraepelin vor vielen Jahrzehnten genannt hat, darin unterscheidet, dass die für die Manie bezeichnenden euphorischen Phasen empfundener Stärke wegfallen. »Unipolare Depression« meint also das, was wir umgangssprachlich als »depressiv« bezeichnen.
- Ebenso ist bekannt, dass Traurigkeit oder lang anhaltende Trauer die Funktion unseres Immunsystems beeinträchtigen können.

Zusammenhänge zwischen anderen negativen Emotionen und Krankheitsbildern sind ebenfalls nachgewiesen worden:

- Angst und Furcht sind, so Fredrickson, der »Treibstoff« für Phobien. Phobien sind Furchtreaktionen mit Krankheitswert – etwa eine Spinnenphobie, bei der der kleinste und harmloseste Vielbeiner zu Panikreaktionen führen kann. Und im Zusammenhang mit akutem oder chronischem

Stress können Furcht und Angst zu körperlichen Krankheiten führen.

- Ärger – und vor allem: schlechter Umgang mit persönlich empfundenem Ärger und eigener Aggressivität – hängt zusammen mit Herz-Kreislauferkrankungen, mit der Entstehung mancher Krebsarten, wie der englische Psychologe Hans-Juergen Eysenck und andere Forscher nachgewiesen haben. Und Ärger kann, besonders bei Jungen und jungen Männern, zu Aggressivität und Gewalttätigkeit führen.

So sinnvoll negative Emotionen also in bestimmten – klar umrissenen! – Situationen sein können, so gravierend sind auf der anderen Seite die Folgen, wenn negative Emotionen – über längere Zeit oder gar ganz – lebensbestimmend sind. Kaum unzulässig vereinfacht, kann man sagen: Meist sinnvoll sind akut auftretende negative Emotionen. Werden sie chronisch, bedeuten sie den Weg in die Krankheit oder werden selbst zu einem Leiden mit Krankheitswert.

Große Teile der Schriften von Daniel Goleman und anderen Autoren über Emotionale Intelligenz (siehe Kapitel 14) handeln vom Management negativer Emotionen. Die überwiegende Zahl von Psychologen und Psychologischen Psychotherapeuten behandelt die negativen Emotionen und ihre gesundheitlichen und sozialen Folgen – eine wichtige Aufgabe, hierfür werden die Psychologen vor allem angefordert.

Schon deshalb ist gut nachvollziehbar, warum sie sich um die positiven Emotionen – Interesse/Neugier, Freude oder Zufriedenheit etwa – weder in der Forschung noch in der Praxis intensiv bemüht haben. Was sollte bei positiven Emotionen auch zu behandeln sein? Wie kann für einen Psychologen durch die Behandlung von positiven Emotionen Geld zu verdienen sein? Auch die Psychologen müssen ja von etwas leben. Sonst bekommen sie Furcht, Angst, Traurigkeit, tiefgehende Trauer oder Ärger und Wut.

Der Wert der positiven Emotionen

Barbara Fredrickson hat sich nun intensiv mit den positiven Emotionen befasst. Und sie hat unter anderem herausgearbeitet, dass durch positive Emotionen viele Leiden behandelt werden können. Für ihre wissenschaftlichen Untersuchungen[41] hat sie im Jahr 2000 den höchst dotierten Forscherpreis der Psychologie bekommen, den Templeton Award mit 100 000 Dollar Preisgeld.

Ihre erste wichtige Erkenntnis war, dass die positiven Emotionen irgendwie nicht in das Bild passen, das wir aufgrund der Kenntnisse über negative Emotionen von den Emotionen überhaupt gewonnen haben und von dem die Forschung über lange Zeit so getan hat, als ob es auf die positiven Emotionen übertragbar wäre. Das ist leicht nachvollziehbar.

Die negative Emotion Furcht/Angst ist sinnvoll: Flüchten oder kämpfen, wenn es gefährlich wird. Und die eigene Haut zu retten, das ist der Lohn der Angst.

Warum aber haben wir positive Emotionen wie etwa Freude, Interesse oder Zufriedenheit? Wo liegt im Sinn Darwins ihr Überlebens-Wert?

Eine Erklärung ist nicht so einfach, und sie wird noch komplizierter, wenn man die Konsequenzen mit betrachtet, die positive Emotionen auf unseren Geist und auf unser Verhalten haben. Die hier nachgewiesenen Verhaltenskonsequenzen sind nämlich extrem vielfältig und deshalb vage.

- Freude zum Beispiel aktiviert uns – aber irgendwie ziellos. Wir werden unternehmungslustig, ohne dass wir sagen könnten, wofür.
- Zufriedenheit führt nicht zu Aktivität, sondern eher zu Inaktivität. Der mit sich selbst und der Welt zufriedene Mensch muss nichts tun, um weiteres Glück zu suchen.
- Das Empfinden von Interesse führt zu erhöhter Aufmerksamkeit, aber Aufmerksamkeit ist ebenfalls kein Verhalten im strengen Sinn, wie etwa weglaufen, sondern eher eine Art Disposition zu vielen möglichen und voneinander verschiedenen Verhaltensweisen.

Wo also liegt der Überlebenswert dieser unspezifischen Konsequenzen für Geist und Verhalten, die durch positive Emotionen hervorgerufen werden? Und ihr Wert für die Erhaltung der Art? Das war die 100 000-Dollar-Frage, auf die Barbara Fredrickson eine plausible Antwort gefunden hat.

Allgemein, sagt Fredrickson, unterscheiden sich positive von den negativen Emotionen darin, dass sie in der konkreten Situation, in der sie empfunden werden,

1. unser Repertoire an logischen und kreativen Gedanken nicht einschränken, sondern erweitern.
2. Ebenso erweitert wird durch positive Emotionen das Verhaltensrepertoire. Es reicht von »gar nichts tun« und einfach wie ein satter Säugling zufrieden daliegen bis hin zur Bereitschaft, alles Mögliche und Unmögliche zu tun bei Freude.

Gehen wir die drei Beispiel-Emotionen einmal im Sinn von Fredrickson durch.

Der Sinn der Freude

Freude schafft »freie Aktivierung«, verleitet uns etwa dazu zu spielen – und Spiel ist alles andere als eine sinnlose Tätigkeit.

- Das Baby, das mit den Fingern spielt, übt dabei zugleich – und zwar freiwillig und ohne Druck, ohne Anleitung und ohne dass eine Erziehungsperson mit dem pädagogischen Zeigefinger spielt – Fingerfertigkeit ein.
- Das dreijährige Kind, das »Pullover anziehen« spielt, ist zwar eine Plage für jede gestresste Mutter, die ihr Kleines auf dem Weg zum eigenen Arbeitsplatz pünktlich in den Kindergarten bringen möchte. Aber mit dem Anzieh-Spiel lernt ein kleines Kind die hohe Kunst des Pullover-Anziehens, eine wichtige Kompetenz wird so erworben, wie man dem stolzen Gesicht eines Dreijährigen anmerkt, wenn der linke Arm zum ersten Mal nicht durch die für den Kopf vorgesehene Pullover-Öffnung ans Tageslicht kommt, sondern tatsächlich durch den linken Ärmel.
- Und die vielen Ma-Ma-Ma- und Ba-Ba-Ba-Wortspiele sind eine Freude für die Ohren aller Eltern und ein besonderes

Vergnügen, wenn daraus die ersten Worte wie »Mama« und »Papa« geformt werden. Auch das machen Kinder allein. Das Kind empfindet eigene Kompetenz und baut diese Stärken aus. »Sag mal Mama« oder »sag mal Papa« bringt da kaum etwas, sondern nimmt eher etwas, wenn Lernhilfen in negativem Stress resultieren.

Wissenschaftlich erforscht ist zudem, dass Freude vor allem unter drei Bedingungen auftritt:

1. Die momentane Lebenssituation muss als sicher empfunden werden,
2. als bekannt und vertraut, und
3. dürfen die Handlungen, zu denen sich der erfreute Mensch »frei aktiviert« fühlt, nur geringe Anstrengung erfordern. Anders gesagt: Leistungsdruck ist schädlich. Nur ohne solchen Druck kommt es – bei Kleinstkindern wie bei Erwachsenen – zur spielerischen Erprobung und Ausweitung der eigenen Kompetenz. Das gilt für den praktischen Bereich (neue Fähigkeiten werden erworben) ebenso wie für den sozialen Bereich, denn auch Freundschaft und Bindung entstehen nicht unter Zwang und Leistungsdruck (hier kommt es höchstens zu Zweckbündnissen), sondern im spielerischen Umgang miteinander.

Nachgewiesen ist ebenfalls, dass Spielen für die Gehirnentwicklung eines Kindes von großer Bedeutung ist – dasselbe kann gelten für den alternden Menschen (»wer sein Gehirn nicht in Bewegung hält, dem rostet es ein«) und ist ein sicheres Mittel gegen »vorzeitige geistige Vergreisung«, die ja Menschen jeden Alters betreffen kann.

Die positive Emotion der Freude ist also eine Grundvoraussetzung

• für das körperliche (Beispiel Gehirn-Entwicklung)
• für das geistige und
• für das seelisch-soziale (Freundschaft und Bindung) Wohlergehen des Menschen.

An dieser Stelle könnte man anfangen, ein Buch über »positive Erziehung« zu schreiben mit der Quintessenz:

- Erzieht nicht an den Menschen herum,
- sondern bereitet ihnen Freude und
- gebt ihnen Zeit, die freie Aktivität, die durch Freude entsteht, zur Weiterentwicklung der bisherigen Kompetenz zu nutzen,
- und unterstützt sie dabei.

Das hat Rudolf Dreikurs gemeint mit seinem »catch them at being good« (siehe Kapitel 1).

Der Überlebenswert der Freude kann also darin gesehen werden, dass durch diese positive Emotion ein höher entwickelter, kompetenterer Mensch heranwächst.

Der Sinn von Interesse

Interesse und damit verbundene Gefühls-Zustände – Fredrickson nennt hier die Begriffe Neugier, Sich-wundern-Können, Begeisterung und Flow – entstehen ebenfalls wie Freude in Situationen, in denen der Mensch sich sicher fühlt.

Anders als bei Freude aber ist die Situation bei Interesse nicht durch Vertrautheit charakterisiert, sondern durch Neuigkeit, Veränderung, Möglichkeiten und Chancen, Herausforderungen oder geheimnisvoll sein.

Einer der Begründer der Denkrichtung einer Positiven Psychologie, Mihaly Csikszentmihalyi, ist auch in Deutschland bekannt geworden durch seine Beschreibung eines Seelenzustandes, den er »Flow« genannt hat. »Flow« heißt »fließen« oder »im Fluss sein«. Heraklits »alles fließt« ist gemeint – mit dem wichtigen Zusatz »und ich fließe mit«:

Ein Mensch begibt sich in eine Situation, ist eins mit sich und der Welt und der Herausforderung, die eine konkrete Arbeit oder ein konkreter Gedanke an ihn stellt. Dieser Mensch ist selbstvergessen. Über Sinn und Zweck und Ziel oder gar den Lohn der Anstrengung wird nicht nachgedacht. Das ist Flow.

Ein schönes Beispiel für »Flow« hat einmal die Pädagogin Maria Montessori gegeben:

Sie hat in ihrem Kindergarten ein Mädchen beobachtet, das Holzstöpsel von unterschiedlicher Größe in die entspre-

chenden Öffnungen eines Holzblockes steckte, heraus-
nahm und wieder hinein tat. Die Konzentration dieses Kindes bei der Handhabung dieses Lernmittels war so groß,
dass es seine Umgebung dabei ganz vergaß. Es wurde mit
seinem Sesselchen und seinem Tisch weggetragen. Und be-
merkte es nicht. Die Kleine wiederholte ihre Tätigkeit 44-
mal. Und als das Kind endlich aufhörte, blickte es vergnügt
umher, war nicht ermüdet, sondern benahm sich wie nach
einem erquickenden Schlaf.

Sicherheit und Herausforderung sind also zwei Bedingungen
für das Auftreten von Flow und anderen, positiven, mit Interesse verbundenen Gefühlen. Die wichtige dritte Bedingung
ist, dass die Herausforderung nicht zu groß ist, dass die Aufgabe als bewältigbar angesehen wird. Dann erst entstehen
Neugier und Interesse. Dann nimmt man Herausforderungen
an und ist dabei so selbst- und welt-vergessen wie das vier-
jährige Mädchen aus dem Montessori-Kindergarten. Der
amerikanische Psychologe C.E. Izard beschreibt, was dann in
uns vorgeht, mit den Worten:

»Ein Gefühl, dass man nachforschen will, involviert werden
will, sich einbringen will, das eigene Selbst erweitern will
durch neue Information und neue Erfahrungen mit einem
Menschen oder einem Gegenstand oder einer Situation, die
das Interesse stimuliert haben.«

Interesse – Neugier aufs Leben – erweitert wie die positive
Emotion der Freude unseren Geist: das Spektrum und Repertoire unserer Gedanken und kreativen Eingebungen. Oft werden auch das Spektrum und Repertoire des beobachtbaren
Verhaltens erweitert. Interesse kann sich aber auch allein im
Kopf abspielen und für den Außenstehenden zu keinen regis-
trierbaren Verhaltensveränderungen führen.

Auch wenn ein interessierter Mensch nicht nach Nutzen,
Gewinn, Lob und Anerkennung trachtet, gibt es eine Reihe
zuverlässig vorhersagbarer Folgen von Interesse und Flow.
Dazu gehört, wie Fredrickson nach Durchsicht der psychologischen Forschungsliteratur zusammenstellt:

1. Erweiterung des Wissens. Diese Erweiterung ist aber nicht nur rein quantitativ zu sehen (mehr Wissen), sondern
2. führt auch zu einer qualitativen Erweiterung, »höherer psychologischer Komplexität« der geistigen, seelischen und sozialen inneren Vorgänge und äußerlich beobachtbaren Verhaltensweisen.

Interesse ist der Treibstoff, der zu persönlichem Wachstum, kreativen Wagnissen und zu einer Intelligenzentwicklung allgemein führt. Interesse erweitert deshalb nicht nur das momentane geistige und Verhaltens-Repertoire, sondern erreicht dies auf Dauer.

Vermuteter Überlebenswert: höhere Kompetenz – ähnlich wie bei der positiven Emotion der Freude. Und ähnlich kann das Buch der Positiven Erziehung um ein Kapitel erweitert werden: »Predigt nicht in die Menschen hinein, sondern gebt ihnen die Chance, selbst zu explorieren.«

Der Sinn der Zufriedenheit

Zufriedenheit entsteht in Situationen, die

- als sicher empfunden werden,
- in denen es ein hohes Maß an Überschaubarkeit gibt, und
- in denen deshalb nur ein geringes Maß an Anstrengung erforderlich ist.

Zufriedenheit ist umfassender als jener Zustand, der durch simple Bedürfnisbefriedigung erreicht wird (siehe Kapitel 14).

Gemeint mit Zufriedenheit ist nicht die momentane Abwesenheit von Bedürfnissen, die irgendwann wieder befriedigt werden müssen, sondern ein übergeordneter Zustand, den man mit dem guten alten Wort »umsorgt sein« beschreiben kann. Äußerlich oft passiv, ist der zufriedene Mensch innerlich durchaus aktiv – mehr in jener philosophischen Richtung, die man beschreiben kann mit »den Augenblick ausschöpfen«, sich den eigenen Erinnerungen hingeben, sich einsfühlen mit den Menschen und der Welt.

Ähnlich, wie etwa durch Spiel Kompetenz eingeübt und im Flow ein Zustand höherer geistiger und psychologischer Komplexität erreicht wird, sind auch die geistigen Vorgänge im Zustand der Zufriedenheit alles andere als l'art pour l'art. Erreicht wird die Integration eigener Erfahrungen in das eigene Leben und, wenn möglich und nötig, auch eine neue Sicht des Lebens, der Menschen und der Welt.

In der Philosophie wird manchmal zwischen einer »vita activa« und einer »vita contemplativa« unterschieden. Zufriedenheit beschreibt den zweiten Zustand: das Besinnen, aber auch den Vorläufer des Besinnens – nämlich das Offensein für das, was aus der Welt auf uns zukommt.

In dem kleinen Wort *Offensein* steckt mehr, als es auf den ersten Blick herzugeben scheint. Ellen Langer, Harvard-Psychologie-Professorin und eine der bedeutendsten Kreativitätsforscherinnen unserer Zeit, spricht hier von »Mindfulness«.

Das Wort kann man mit »Aufmerksamkeit« übersetzen. Es ist allerdings eine entspannte und keine gebannte Aufmerksamkeit. Die Sinne sind ohne Zweck und Ziel und ohne Hintergedanken einfach geöffnet. Unser Auge reagiert dann wie der Film im Fotoapparat, unser Ohr wie das Tonband einer Videokamera.

Das ist in den allermeisten Fällen nicht so. Wahrnehmung beim Menschen ist nämlich ansonsten ein gestalterischer Vorgang, bei dem bereits auf der Netzhaut und auf dem Trommelfell Realität ergänzt und ausgestaltet wird. Was in uns eindringt an Reizen, wird gleich an Ort und Stelle vorsortiert – ein im Grunde heilsamer Mechanismus.

Er ermöglicht einer jungen Mutter zum Beispiel, bei größtem Verkehrslärm zu schlafen und dennoch beim leisesten Weinen ihres Babys sofort aufzuwachen.

Unwichtige Reize werden einfach ausgeblendet, der Ton des Babys aber ist wichtig. Ähnlich beim Sehen. Auch hier wird viel in das Netzhaut-Bild hineininterpretiert: Wenn wir die Straße hinunterblicken, auf der ein Mensch zu uns kommt, auf den wir sehnlichst warten, erkennen wir ihn in vielen anderen Menschen – das heißt, unser Wille, unser Bedürfnis, unsere Hoffnung formen das Bild, das wir sehen: ein ganz praktischer Fall von »Die Welt als Wille und Vorstellung«.

Das Beispiel wurde bereits genannt. Im Zustand der Offenheit, der Mindfulness, sind diese die Realität interpretierenden geistig-seelischen Mechanismen ausgeschaltet. Und das kann günstige Konsequenzen haben. Wir können in unserem Kind nicht nur den Quälgeist, im Fremden auch den ganz normalen Menschen und im Vorgesetzten und Mitarbeiter nicht den Bosser oder Mobber erkennen, sondern immer auch den Menschen mit eigenen Hoffnungen, Nöten und Empfindungen.

Die Zufriedenheit, die diese Art von Offenheit schafft, dient der Kreativität, die erst einmal eine neue Sicht bekannter Dinge ist, dient auch der Abkehr von all jenen fest gefahrenen Urteilen und Vorurteilen, denen wir tagtäglich anhängen.

Den Gesundheits- und Überlebenswert dieser Einstellung hat der amerikanische Herzforscher Professor Redford Williams in den Punkten, die in Kapitel 22 genannt sind, zusammengefasst.

Das Kapitel über Zufriedenheit in einem Positiven Erziehungsbuch würde heißen: »Schmeißt den Fernseher raus und gebt euch selbst und euren Kindern Zeit zur inneren Regeneration, statt die Familie mit immer neuen Informationen, Emotionen und Sensationen zu verwirren.«

Solch eine Haltung gibt wahres Selbstbewusstsein. Und nicht jene Haltung, die Iwan S. Turgenjew mit den Worten beschrieben hat: »Wir beschäftigen uns mit großem Eifer mit uns selbst und bilden uns hinterher ein, die Menschen zu kennen.«

Teil 5

Positive Psychologie der Gesundheit

Viele Menschen sehen sich als Opfer falscher frühkindlicher Erziehung, der Gene, der Gesellschaft, als Opfer von Partnern, Kindern, Vorgesetzten, Kollegen, Nachbarn, von EU und Weltbank. Die Positive Psychologie möchte zeigen, dass ein gesundes Leben am ehesten erreichbar ist, wenn der Mensch sich nicht mehr als Opfer, als Spielball ansieht. Es gibt positive Alternativen.

Positive Emotionen in der Psychotherapie

Die Welt-Gesundheits-Organisation (WHO) hat bereits 1946 eine hilfreiche Definition von Gesundheit gegeben: »*Gesundheit ist ein Zustand vollkommenen körperlichen, geistigen und sozialen Wohlbefindens und nicht nur die Abwesenheit von Krankheit und Schwäche.*«

»Geist« heißt auf Englisch »mind«, dies Wort umfasst also mehr als in der deutschen Übersetzung »geistig«, treffender wäre »geistig-seelisch«. Die Parallele zu den in Kapitel 15 beschriebenen Wirkungen der positiven Emotionen ist deutlich.

Die positiven Emotionen erweitern die geistige, seelische, mit-menschliche und körperliche Kompetenz des Menschen – und zwar nicht nur in dem Moment, in dem sie wirken. Sie haben einen länger andauernden Effekt, denn auf das, was der Mensch sich unter dem Einfluss positiver Informationen geschaffen hat, kann er meist sein Leben lang zurückgreifen – so wie das dreijährige Kind, das gelernt hat, seinen Pullover anzuziehen, dies nie wieder wird lernen müssen.

Dass die Wirkung positiver Emotionen für die Psychotherapie genutzt werden kann, ist von daher mehr als einsichtig.

Gleichwohl ist in der psychiatrischen Behandlung von Menschen sehr oft nach dem Grundsatz »Medizin schmeckt bitter« verfahren worden, oft regelrecht inhuman:

- Psychiatrie-Patienten sind in Ketten gelegt worden. Die Zwangsjacke zur »Ruhigstellung« ist immer noch nicht überall endgültig abgeschafft.

- Psychiatrische Techniken arbeiten immer noch mit Insulin-Schocks oder Elektro-Schocks. »Therapeutische« Wirkung wird mit beiden Methoden dadurch erzielt, dass Teile der Gehirnkapazität abgetötet werden – in der Hoffnung, dass darunter auch Teile sind, die in Zusammenhang mit den zu behandelnden seelischen Leiden stehen, und nicht zu viele, die damit nicht in Zusammenhang stehen.

- Die heutige Gehirnchirurgie zur Behandlung seelischer Leiden hat einen aberwitzig anmutenden Vorläufer: Gehirnchirurgie ist in den Vereinigten Staaten in den 50er-Jahren des letzten Jahrhunderts zum Beispiel sogar für Diagnosen wie Ehebruch eingesetzt worden. In einer ambulanten Sitzung drang ein Psychiater dabei unterhalb des Jochbeins mit einem Gerät in das Gehirn ein, aus dem nach Erreichen der Zielregion im Gehirn – gibt es ein Gehirnzentrum für Ehebruch? – kleine Messer ausgeklappt werden konnten. Die »Eispickel« wurden nach Einführung mehrfach hin und her gedreht, um die betreffende Gehirnregion zu zerstören.

- In der frühen Verhaltenstherapie ist der Einsatz von *Flooding* (Reizüberflutung) über die Grenzen des für manche Menschen Erträglichen hinaus gegangen. Der Jura-Student Johann Wolfgang von Goethe, der unter Höhenangst litt, hatte sich mit Reizüberflutung selbst behandelt. Goethe war einmal auf den höchsten Turm seines Studienortes, auf das Straßburger Münster, gestiegen und hatte gewagt, nach unten zu blicken. Die dabei aufgekommene Angst hatte er ausgehalten. Sie kam nie wieder. Diese »Mutprobe«, dieses »Dem Tod ins Auge schauen und erfahren, dass er nicht lebensbedrohend ist« kann Menschen seelisch überfordern.

- Etwa 70 Prozent der jungen US-Amerikaner erhalten inzwischen Psychopharmaka (siehe Kapitel 3).

- Medikamentöse Behandlungen, etwa der Depression mit Fluktin – wie es bei uns heißt, in Amerika heißt es »Prozac« –, zeigen weniger Wirkung als erhofft.

- Viagra ist ein Medikament, das erwiesenermaßen Todesfälle nach sich gezogen hat – und natürlich wird schon bald ein Viagra für Frauen auf den Markt gebracht werden, wie das amerikanische Nachrichtenmagazin Newsweek im Sommer 2000 gemeldet hat.

Positive Emotionen bei der Behandlung von Angst-Patienten

Aber nicht jede Medizin muss bitter sein oder einen faden Beigeschmack haben. Die Akzeptanz der Psychoanalyse kann auch dadurch erklärt werden, dass sie sanfter vorgeht. Der Klient liegt entspannt auf der Couch – jedenfalls in der klassischen Psychoanalyse. Zumindest physisches Leid entsteht so nicht.

Auf positive Emotionen wird bei der Behandlung von Panik-Patienten gesetzt, wenn sie der traditionellen Verhaltenstherapie folgt und Entspannungs-Techniken eingesetzt werden.

Unser Nervensystem »zerfällt« in zwei Komponenten, über die zwei unterscheidbare Körperreaktionen gesteuert werden:

- eine »ergotrope« (= »auf Aktivität und Leistung hinwirkende«) und
- eine »trophotrope« (= »auf Verdauung, Ruhe und Entspannung hinwirkende«).

Beide Körperreaktionen arbeiten zudem gegeneinander. Wer viel gegessen hat, erbringt weder große körperliche noch große geistige Leistungen (»ein voller Bauch studiert nicht gern« und »marschiert« auch nicht gern; und ein aktivierter – oder gar gestresster – Organismus kommt nicht leicht zur Ruhe).

Diese Reaktionsmuster des Körpers werden in der Verhaltenstherapie gezielt eingesetzt. Entspannung – also das Aufbauen eines »trophotropen Körper-Zustandes« (der sich in Geist und Seele fortpflanzt) spielt dabei eine wesentliche Rolle, etwa beim Systematischen Desensibilisieren.

Eine solche verhaltenstherapeutische Technik wurde von dem Südafrikaner Joseph Wolpe entwickelt. Kern der Behandlung ist, dass Therapeut und Therapie-Klient (Beispiel: Angst) sanfter vorgehen als beim Flooding:

- Zuerst werden alle Reize aufgelistet, die Angst auslösen, und diese Reize werden
- danach in eine »Hierarchie« gebracht: »Was löst wenig, was löst viel Angst aus?«

Diese Hierarchie wird dann von unten nach oben abgearbeitet. Zuerst werden also den wenig Angst auslösenden Reizen neutrale oder positive Reaktionen wie Entspannung »gegenkonditioniert«, danach wendet man sich den Reizen zu, die stärkere Angst-Reaktionen zur Folge haben.

Das Beispiel zeigt, dass positive Emotionen wie Entspannung ein gutes Gegenmittel gegen negative Emotionen wie Angst sind.

Meditation, eine Technik, die zu ähnlichen geistig-seelischen positiven Effekten führt wie unter dem Stichwort »Zufriedenheit« beschrieben, ist bei der Behandlung und bei der Rehabilitation einer Vielzahl von heutigen Zivilisationsleiden – zu allererst dem Herzinfarkt – von hohem Wert.

Neben diesen allgemein den Entspannungstechniken zuzuordnenden Methoden gibt es weitere. Eine heißt »positive Bedeutungen finden«. Kern dabei ist, aus dem Kreislauf negativer Gedanken auszubrechen, der besonders bei Menschen mit depressiver Verstimmung zu finden ist. Sie sagen in der Gleichförmigkeit von »a rose, is a rose, is a rose« meist wenige Dinge zu sich selbst, und die immer wieder neu – etwa: »Das Leben lohnt nicht, ich muss es mir nehmen« (siehe Kapitel 17).

Aber auch bei depressiv gestimmten Menschen gibt es Momente positiver Emotionen, gibt es Freude, Zufriedenheit, Interesse. Hier setzt eine positiv-psychologische Hilfe an, die auch von Mensch zu Mensch gegeben werden kann. Die Schritte dabei wären:

• Sicherheit und Geborgenheit geben,
• mit Humor ein leichtes Gefühl von Freude wecken
• und auf diesem Weg das nutzen, was Barbara Fredrickson als den Überlebenswert der positiven Emotionen erkannt und beschrieben hat: in der konkreten Situation das Repertoire an logischen und kreativen Gedanken und ebenso das Verhaltensrepertoire erweitern. An der Einengung und Einschränkung von Denken, Kreativität und Verhalten leiden ja, wie beschrieben, depressiv verstimmte Menschen.

So etwa könnte ein positiv-psychologischer »Therapieplan« aussehen – das Wort ist in Anführungsstriche gesetzt, weil kein Therapeut erforderlich ist, um hier seelische Erste Hilfe zu leisten. Jeder Mensch kann es. Und das ist eines der wichtigen Ziele der Positiven Psychologie: Menschen in die Lage zu versetzen, sich und anderen bei seelischen Problemen selber zu helfen, bevor diese Probleme so massiv werden, dass eine Psychotherapie nötig ist.

Optimismus: dem Leben Jahre und den Jahren Leben hinzufügen

Eine große Zahl psychologischer Studien hat die lebens-bereichernden und lebens-verlängernden Wirkungen des Optimismus nachgewiesen.[42] Mit einer optimistischen Grundhaltung verbunden sind:

- gute Gesundheit
- längeres Leben
- Schutz gegen seelische Verletzungen
- gute Stimmung
- Standhaftigkeit bei Herausforderungen
- Durchhaltekraft bei Aufgaben
- erfolgreiches Problemlösen
- schulische, sportliche, berufliche, politische und militärische Erfolge.

Pessimismus hingegen ist gekoppelt an:

- Depression
- Passivität
- Scheitern
- Entfremdung von Menschen
- Anfälligkeit für Krankheit
- höhere Sterblichkeit.

Dennoch haben Denker, Friedrich Nietzsche etwa, vor Optimismus gewarnt. Es sei besser, die traurigen Tatsachen des Lebens fest in den Blick zu nehmen. Und Sigmund Freud erklärt Optimismus schlicht zur Illusion.[43]

Sinn des Optimismus sei, so Freud, Zivilisation möglich zu machen, was am einfachsten ist, wenn Optimismus in religiöser Form institutionalisert wäre: als Glaube möglichst vieler Menschen, dass ein gutes Leben auf Erden das gute Leben im Paradies nach sich zieht. Religion nennt Freud die universelle Zwangsneurose der Menschheit.

145

Der einzelne Mensch zahlt einen Preis für seinen Optimismus, den Freud – ganz im Sinne Nietzsches – als Realitätsleugnung bezeichnet. Optimismus entsteht, laut Freud, in dem Kampf der Instinkte und der Zivilisation. Für gesellschaftliche Stabilität und Gesetzestreue der Massen sei Optimismus brauchbar, speziell wenn er an Gottesfurcht gekoppelt sei, denn Vernunft allein würde den Menschen nicht von Verbrechen abhalten. Optimismus also sei etwas für die Massen. Die gebildeten Kreise, und besonders den eigenen Berufsstand nennt Freud hier, die Neurologen, könnten auf Optimismus verzichten.

Viel kann Freud entgegengehalten werden, nicht zuletzt der unbegründete Optimismus, alles dadurch verstehen zu wollen, dass die negativen Aspekte des Lebens analysiert werden, und dass alle Erklärungen auf den Kampf und den Sieg der Zivilisation über die Ur-Triebe des Menschen – also auf Triebverzicht – hinauslaufen. Und dass Neurose das Geheimnis allen Lebens sei.

Als Kritik reicht aber auch das Sprichwort: »Wer nicht an Wunder glaubt, ist kein Realist.« Denn auch der geborene Pessimist kann sich täuschen, nicht nur der Optimist.

Forschung statt Spekulation

Martin Seligman[44] erforscht seit mehr als vier Jahrzehnten die Folgen negativer, hochstressreicher Erfahrungen auf das Leben. Mit seiner Theorie der »gelernten Hilflosigkeit« kann er das Entstehen einer negativen Lebensauffassung ebenso erklären wie die Frage, welche Bedingungen zu einer depressiven Lebenshaltung oder auch zu einer Depression führen.

Mehr noch: Seligman hat ein Programm entwickelt, mit dem eine pessimistische Grundhaltung dem Leben gegenüber in eine positive gewandelt werden kann. Es baut auf seinen Forschungen über die Wirkungen von Optimismus und Pessimismus auf. Seligman erklärt Optimismus und Pessimismus gern an zwei kurzen Passagen aus Briefen, in denen zwei junge Soldaten jeweils eine für sie negative Situation schildern:

Gelernte Hilflosigkeit

Sogar Tiere können depressiv sein. Martin Seligman berichtet von einem eindrucksvollen Experiment, das er noch als Student erlebt hat. Bringt man Hunde in einen Raum, in dem der Boden unter elektrischen Strom gesetzt wird, erlebt man die Tiere in hoher Panik. Sie springen umher, überspringen Hindernisse, und sie tun dies, bis sie einen sicheren Ort gefunden haben.

Seligman nun sah Hunde in solch einer Situation, die für diese Tiere mit ihren sensiblen Pfoten äußerst unangenehm ist, apathisch und teilnahmslos da liegen. Was war geschehen?

In vielen vorausgegangenen Experimenten waren die Hunde mit Elektroschocks gequält worden, und die Forscher hatten den Tieren keine Möglichkeit zum Entrinnen gegeben. Diese Hunde – so Seligman – hatten gelernt, dass sie hilflos seien, dass sie »negative Dinge in ihrem Leben nicht kontrollieren und nicht abstellen können«.

»Gelernte Hilflosigkeit« – dieses von Seligman geprägte Wort bürgert sich ein zur Beschreibung von depressiven Zuständen.

1. Der Brief von »Frank«: »Befehle zu geben war manchmal sehr schwer, wenn nicht gar unmöglich, weil ich immer Probleme hatte, mit den rangniederen Soldaten umzugehen, sogar als ich ein höherer Offizier war.«
2. Der Brief von »Joe«: »Während des Krieges war ich zu bestimmten Zeiten stark gelangweilt, denn jeder Mensch, der je an Bord eines Schiffes war, langweilt sich manchmal zu Tode.«

Pessimismus

Beide Briefe berichten über unangenehme Erlebnisse. Negative Erfahrungen treten im Leben jedes Menschen auf, sie müssen aber nicht zwingend zu einer negativen Lebensauffassung führen. Vergleichen wir die beiden Briefe: »Frank« ist ein Pessimist. Dies zeigt sich bei genauerer Analyse seines kurzen Textes an drei Kriterien:

1. »Frank« sieht seine Schwierigkeiten als zeitlich stabil an (»ich hatte immer das Problem«).
2. »Frank« sieht seine Schwierigkeiten darüber hinaus auch als alle Lebensbereiche negativ beeinträchtigend an. Selbst als er durch Beförderung deutlichere und überzeugendere Befehlsgewalt bekommen hatte, hatte er das Problem mit den Untergebenen. Ein noch perfekterer Pessimist wäre er gewesen, wenn er das geschilderte Problem nicht auf den Krieg beschränkt hätte, sondern zum Beispiel einen Satz eingefügt hätte wie: »Als Abteilungsleiter in der Wirtschaft hatte ich dieselben Probleme wie mit den einfachen Soldaten.«
3. »Frank« gibt sich selbst die Schuld an den Problemen. Er sagt: »Immer hatte ICH Probleme.« Er sagt nicht: »Es ist unendlich schwer, sich bei Wehrpflichtigen, die das Militär nicht kennen, als junger Offizier durchzusetzen.« Er sagt auch nicht: »Es ist eine unlösbare Aufgabe, mit voller Überzeugung junge Menschen in den Krieg und womöglich in den Tod zu führen.«

Optimismus

Ganz anders »Joe«. Die Probleme, die er schildert, sind

1. zeitlich nicht stabil, sondern sie treten nur zeitweilig auf. Sie sind
2. nicht allumfassend, sondern beschränken sich auf die konkrete Situation auf einem konkreten Schiff. Und er macht
3. sich nicht selbst für die Probleme verantwortlich.

Er sagt also nicht: »Wie immer in meinem Leben ist es mir auch auf diesem Schiff nicht gelungen, das Beste aus meiner Zeit zu machen.« Das wäre die Aussage eines perfekten Pessimisten.

Die psychische Struktur des Optimismus

Der Unterschied zwischen einem Optimisten und einem Pessimisten liegt also nicht etwa darin, ob ein halb gefülltes Glas als halbleer oder halbvoll bezeichnet wird. Der Unterschied zwischen einer positiven und einer negativen Lebensauffassung zeigt sich nicht vordergründig in Wortspielen (halbvoll, halbleer), sondern in der Art und Weise, wie Menschen Probleme verarbeiten. Er zeigt sich also in einer hinter den Worten liegenden psychischen Struktur.

Natürlich spielt die Wortwahl dabei eine Rolle. Sie bezieht sich aber nicht nur auf die Uminterpretation von etwas Negativem in etwas Positives.

Entscheidend sind die drei Komponenten, die Seligman genannt hat. In anderen Worten ausgedrückt lauten sie:

1. Es sind nicht die objektiven Gegebenheiten, die uns das Leben schwer machen, sondern es ist unsere persönliche Art und Weise, wie wir auf die objektiven Gegebenheiten reagieren.
2. Je stärker unsere Reaktion ganz konkret auf die Situation bezogen ist, desto besser.
3. Je stärker wir mit einer negativ getönten Aussage unseren Selbstwert verbinden, desto schlechter.

Ein negativer Interpretationsstil bei Problemen ist ein Zeichen für »gelernte und gelebte Hilflosigkeit«: Die Probleme sind umfassend und stabil. Ich bin zwar dafür verantwortlich, aber ich kann daran nichts ändern.

Optimismus im Sport

Seligmans Forschungen sind alles andere als trivial. Viele Jahre hat er mit Hilfe von Studenten zum Beispiel Aussagen berühmter Sportler der Vergangenheit über ihre eigenen Leistungen gesammelt. Und er hat aufschlussreiche Beziehungen festgestellt zwischen einer optimistischen Sicht des eigenen Lebens – und den Jahren, die ein Mensch gelebt hat.

Im amerikanischen Baseball gibt es eine »Ruhmeshalle« (»Hall of Fame«), in die die Besten dieses Sports aufgenommen werden. Spitzenbaseballer mit einer pessimistischen Grundhaltung im Leben, das konnte Seligman feststellen, lebten nicht so lange wie ihre optimistischen Kollegen.

Menschen mit solch einer Lebenseinstellung der »bedingungslosen Kapitulation« vor den Lebensereignissen machen sich selbst das Leben noch zusätzlich schwerer. Pessimisten

- kümmern sich nicht gut um sich selbst,
- sie essen nicht vernünftig,
- sie gehen nicht zum Arzt, wenn ihnen etwas weh tut, und
- sie suchen keine Unterstützung bei Freunden und bei der Familie.

Siehe auch Kapitel 13. Viele Forschungsarbeiten haben Belege dafür erbracht, dass solch eine negative Lebensauffassung direkte Auswirkungen auf das Immunsystem hat. Das ist nicht überraschend. Denn bereits die allgemeine Erfahrung und ein beliebtes Lehrbuchbeispiel zeigen, dass zwei gesunde Menschen, die an einem kalten Novembertag einen Verstorbenen zu Grabe tragen müssen, sich nach wenigen Minuten auf dem verregneten und windigen Friedhof eine Erkältung zuziehen können. Dieselben Menschen können hingegen unter gleichen Witterungsbedingungen Stunden in einem Park stehen, ohne sich zu erkälten.

Optimismus und Krebs

Man kann Labor-Ratten Tumore einpflanzen und erforschen, in welcher Weise sie diese künstliche hochnegative Beeinträchtigung ihres Lebens verarbeiten. Bringt man Ratten zuvor mit Hilfe von Elektroschocks in die Situation der »gelernten Hilflosigkeit« (siehe Kasten), bringt man ihnen also dadurch »für das Leben bei, dass sie sich selbst nicht helfen können«, haben sie weniger Abwehrkräfte gegenüber den Tumoren. Hier wirkt »das Prinzip Hoffnungslosigkeit« – selbst auf dem niederen Niveau von Nagetieren.

Erfahrungen mit Krebspatienten und mit der Art und Weise, wie sie ihre Krankheit seelisch verarbeiten, deuten in dieselbe Richtung. Optimistische Frauen bleiben etwa nach einer Operation wegen Brustkrebs länger symptomfrei als pessimistische.

Optimismus zeigt sich dabei nicht als Leugnung einer unangenehmen Realität. Im Gegenteil, von HIV-Patienten weiß man, dass die optimistischeren diejenigen sind, die der Realität eher ins Auge schauen und konkrete Maßnahmen – etwa in den Bereichen Fitness, Ernährung und soziale Unterstützung – treffen, um so lange wie möglich körperlich und seelisch bei Kräften zu bleiben.

Bei der optimistischen Verarbeitung negativer Information geht es also weder um eine Illusion, wie Freud uns glauben machen möchte, noch um eine nur vordergründige Uminterpretation der Wahrheit.

Kleiner alltäglicher Optimismus

Optimismus zeigt sich nicht nur in den großen Lebensfragen. Es gibt auch den kleinen Optimismus – den für den Hausgebrauch, der sich in Einstellungen zeigt wie: »Ich finde ganz bestimmt einen Parkplatz«, oder in dem im gegenteiligen Wortsinn gemeinten »Es wird schon schiefgehen«. Solch eine Haltung hilft besonders bei der Verarbeitung von Misserfolgen.

> Sportler, die sich über ein Versagen, ein Scheitern grämen, wählen damit keine erfolgreiche Strategie für die nächste Bewährungsprobe. Die bessere Haltung ist, sich zu sagen: »Schlecht gelaufen. Das nächste Mal läuft es besser.« So wird Unbefangenheit sichergestellt, während ein Sich-Grämen das psychische System belastet und Unbefangenheit nimmt.

Sich Vorwürfe machen, sich selbst beschuldigen und niedermachen, das ist keine gute Erfolgsstrategie. Dies zeigt ein schönes Wort des jüdischen Mystikers Jizchak Meir über den Umgang mit eigener Schuld[45]:

Wer ein Übel, das er getan hat, immerzu beredet und besinnt, hört nicht auf, das Gemeine, das er tat, zu denken, und was man denkt, darin liegt man, mit der Seele ... der wird gewiss nicht umkehren können, denn sein Geist wird grob und sein Herz stockig werden, und es mag noch die Schwermut über ihn kommen. Was willst du? Rühr' her den Kot, rühr' hin den Kot, bleibt's doch immer Kot. Ja, gesündigt, nicht gesündigt, was hat man im Himmel davon? In der Zeit, wo ich darüber grüble, kann ich doch Perlen reihen, dem Himmel zur Freude. Darum heißt es: »Weiche vom Bösen und tue das Gute« – wende dich vom Bösen ganz weg, sinne ihm nicht nach und tue das Gute. Unrechtes hast du getan? Tue Rechtes ihm entgegen.

Brauchen wir alle
»Happy Pills«?

Alle Kulturen kennen psychotrope (»auf die Seele wirkende«) Substanzen – aber vor allem unsere westliche Zivilisation setzt sie ein nach dem Motto »mehr ist besser«.

Mehr Wermut gab europäischen Soldaten schon immer mehr Wehr-Mut. Und mehr Alkohol machte aus den Urbevölkerungen Amerikas umso leichter abzuschlachtende Menschen – das Bild des betrunkenen Indianers finden wir immer noch in vielen »Western«.

Das heute herausragende Problem aber begann mit der Massenfertigung synthetischer Drogen. Ein wichtiges Datum in der Geschichte der Psychopharmaka sind die frühen 50-er Jahre.

Um das Jahr 1950 begann der Einsatz von Beruhigungsmitteln (Sedativa) in der Psychiatrie. Grundsubstanz zur chemischen Ruhigstellung psychiatrischer Patienten war ein Alkaloid, das in einer tropischen Pflanzengattung – »Rauwolfia«, benannt nach dem Augsburger Arzt Leonhard Rauwolf (1540–1596) – entdeckt worden war.

Wenig später wurden Beruhigungsmittel auch in der ambulanten medizinischen Praxis eingesetzt – so weit verbreitet, dass die Rolling Stones sie in den 60-er Jahren besungen haben: »Mothers little helpers«.

Heute nehmen Mütter und Väter Psychopharmaka nicht mehr nur selbst, sondern geben sie ihren Kindern. Martin Seligman nennt die alarmierende Zahl von etwa 70 Prozent der amerikanischen Kinder und Jugendlichen, die in den 90-er Jahren bereits Psycho-Pillen bekommen haben. Viele davon regelmäßig.

Alles, was an Kindern und Jugendlichen stört, kann auf diesem Wege der Pharmakologie eingeebnet werden – ein

Skandal der Inhumanität, denn Leben heißt das Recht auf Eigenart bewahren. Seligmans Alarmruf »die ganze Jugend einer Nation unter Drogen« ist kaum mehr eine Übertreibung.

Die Frage, ob wir alle »Happy Pills« brauchen, erscheint nicht mehr als absurd – jedenfalls nicht absurder als die Realität in jener Führungsnation, an der sich die gesamte Welt zunehmend orientiert.

Auch die Erwachsenen ebnen und nebeln sich pharmakologisch zunehmend ein. Oder sie suchen mit Psychodrogen Erfahrungen, die aus dem Alltagsnebel herausragen.

Ja, ja, Viagra. Hilft es? Manchen ja – für ein sehr spezielles, aber sehr verbreitetes Männerproblem. Aber hilft Viagra auch, die hinter fehlender sexueller männlicher Standhaftigkeit erkennbaren Partnerschafts-Probleme zu lösen? In TIME war dazu ein schönes Bonmot zu lesen.

Frage: Was entsteht, wenn ein Paar keine Liebe hat und der Mann Viagra nimmt? Antwort: Ein Paar mit Sex-Problemen und zusätzlich mit einer Erektion.

So ist das mit den Happy Pills. Man steht eben manchmal ziemlich dumm da.

Die neuen Anti-Depressiva sind schlecht für die Liebe

Berichte häufen sich über einen ungewollten Nebeneffekt der angeblichen Wundermittel gegen Depressivität wie das amerikanische Produkt »Prozac«, das bei uns »Fluktin« heißt. Das sexuelle Verlangen wird durch die »Wundermittel« eingeschränkt, so der Psychopharmakologe R. Taylor Segraves von der Case Western Reserve University[46]. Dieser Nebeneffekt ist den Herstellern unangenehm, denn eine eingeschränkte Libido kann zu eben dem führen, was die Mittel beheben sollen: zu depressiven Verstimmungen.

Paare pendeln sich auf ein bestimmtes Maß an Libido ein, das erklärt der Psychologie-Professor und Sexualtherapeut Don Strassberg (University of Utah). Zeigt einer der Partner plötzlich weniger sexuelles Interesse – aufgrund von Medikamenten oder aus anderen Gründen –, so ist das übliche Vorgehen, nach Möglichkeiten (und manchmal auch Medikamenten) zu suchen, die die »Flamme« wieder entzünden. Strassberg bedauert, dass eine andere Möglichkeit zu selten gewählt wird und der »aktivere« Partner bereit ist, zurückzustecken. Den Grund dafür sieht er in der Sprachlosigkeit der meisten Paare bei sexuellen Themen. Ehepaare reden zwar über Geld, Kinder, Beruf – aber kaum in konstruktiver Weise über Sexualität.

Anti-Depressiva und andere Psycho-Pillen werden mit großen Erfolgsversprechen vermarktet. Besserungen bei bis zu 70 Prozent der behandelten Patienten sind angeblich »wissenschaftlich gesichert«. Zwei Psychologie-Professoren von der University of New York, Seymor Fisher und Roger P. Greenberg[47], haben die wissenschaftlichen Analysen von Psycho-Pharmaka einer genauen Kontrolle unterzogen. Ihre Ergebnisse geben Anlass, depressiv zu werden.

- Die meisten wissenschaftlichen Studien sind fehlerhaft. Selbst der angeblich beste Testaufbau, der Doppelblind-Versuch, bei dem weder Ärzte noch Patienten wissen, ob ein Medikament mit Wirkstoff oder ein Placebo verabreicht wird, ist oft durchschaubar – von Ärzten und sogar von Patienten. Die Wirkung der Pillen muss deshalb kein Beweis für die Qualität ihrer Wirkstoffe sein.
- Bei Pharma-Studien wird meist auf momentane Wirkungen geachtet. Angaben über Rückfall-Quoten (Fisher und Greenberg: ein Jahr nach Ablauf der Testphase kann es bis zu 60 Prozent Rückfälle geben) fehlen meist. Und:
- Wenn neue – angeblich noch bessere – Präparate mit alten Präparaten verglichen werden, zeigen sich bei den alten Präparaten oft sehr viel schlechtere Wirkungen als in den Studien, die bei den etwas älteren Präparaten vor der Markt-Einführung – angeblich wissenschaftlich exakt – überragende Wirkungen feststellten. Das jeweils neueste Präparat scheint immer das beste zu sein.

Kein besserer Sex durch Drogen

Durch Alkohol enthemmte Männer sind seit langem als Sex-Partner in Verruf geraten. Alkohol geht einher mit Gewalt und einem Verlust an Libido. Ähnlich ungünstig – so der Londoner Psychiater und Neurologe Talal Al Rubaie – sieht die Sex/Drogen-Bilanz aus.[48]

Nicht Marihuana steigert die Lust, sondern die Rahmenbedingungen steigern sie. Marihuana entspannt (ähnlich wie Alkohol) und führt zu besserer Übereinstimmung der Partner – allerdings nur, wenn beide high sind. Wichtig für die Qualität der Erfahrung ist nach Aussagen von Konsumenten allerdings nicht die Droge, sondern die geistige Einstellung und psychische Verfassung – und das ist bei Sex ohne alle Stimulantien genauso. Beobachtet worden ist ein hohes Maß an Impotenz (20 Prozent) bei Männern, die regelmäßig Marihuana konsumieren. Ebenso: Zyklusstörungen bei Frauen.

Kokain: stark »wollen«, aber nur schwach oder gar nicht »können«. 17 Prozent der Kokain-User berichten von Erektions-Störungen, es kann aber auch zum schmerzhaften Gegenteil kommen, Priapismus: 4 Prozent berichten von Erektionen, die sich lange Zeit nicht zurückbilden. Innerlich heizt Kokain das sexuelle Begehren an, was zu der paradoxen Situation führen kann, stark zu »wollen«, aber nur schwach oder gar nicht zu »können«. Kokain wird in der Medizin zur Anästhesierung der Körperoberfläche eingesetzt. User nutzen diese Wirkung, um sich aggressiverem Sex hinzugeben. Bei Ärzten bekannt sind als Folge zum Beispiel infektiöse Bisswunden.

Opiate: »Flucht des Körpers vor der Sexualität«. 66 Prozent der männlichen Opiat-Süchtigen klagen über reduziertes sexuelles Interesse, 40 Prozent haben Erektionsschwierigkeiten. Absetzen von Heroin oder bereits die Umstellung auf Methadon mindern oder beenden diese »Flucht des Körpers vor der Sexualität«. Bei den Frauen berichten 57 Prozent von geringem sexuellen Interesse und 25 Prozent von Orgasmus-Störungen.

Amphetamine: oft genommen von Menschen, die bereits sexuelle Probleme haben. Amphetamine sind als Aphrodisiakum unzuverlässig. Bekannt ist, dass viele User bereits sexuelle Probleme haben. Langfristiger Gebrauch kann zu einem diffusen Koordinationsverlust und innerer Ruhelosigkeit führen – beides ist nicht sexualitäts-fördernd. Bei Frauen treten signifikant mehr Probleme auf als bei Männern.

LSD: Die sexuellen Wirkungen werden stark übertrieben. Nur etwa 15 Prozent der Frauen und Männer, die LSD anwenden, berichten von einer sexuellen Wirkung. LSD richtet die Aufmerksamkeit nach innen, das sexuelle Erleben wird narzisstisch-selbstbefriedigend.

Im Sinn einer Positiven Psychologie kann, auch in Bezug auf die Sexualität, resümiert werden: Es dient der menschlichen Fröhlichkeit mehr, eigene Stärken zu erkennen und zu entwickeln, als sich in den eigenen Schwächen zu suhlen oder sich künstlich zuzuführen, was man für Stärke hält. »A rose, is a rose, is a rose«, schrieb die Ex-Psychologie-Studentin Gertrude Stein in einem Assoziations-Experiment an der Harvard University, das ihr Lehrer William James (der Bruder des Schriftstellers Henry James) durchgeführt hatte. Aber eine Krücke, ist eine Krücke, ist eine Krücke …

Und »Happiness – un-verbunden mit einem positiven Charakter – ist hohl und fragil«, sagt Martin Seligman. Wo finden wir Happiness mit Charakter? Davon handelt Teil 6 dieses Buches.

Der weibliche Weg zur Gesundheit

Frauen leben im Durchschnitt länger als Männer. Gibt es einen besseren Beleg dafür, dass Frauen das starke Geschlecht sind? Eigentlich aber ist die längere Lebensdauer von Frauen unverständlich, denn Frauen

- fühlen sich häufiger krank,
- klagen häufiger über Gesundheitsprobleme und
- gehen häufiger zum Arzt.

Frauen, so die Gütersloher Psychotherapeutin Heidrun Bründel[49], sind zudem vielfältiger und damit stärker belastet als Männer. Bründel:

1. Frauen leben immer noch für die berühmten »3 K« (Kinder, Kirche, Küche) – Begriffe, die für unser heutiges Leben aber übersetzt werden sollten mit Kompetenz in der Familie (»Kinder«), Kompetenz in der Gemeinde/Gemeinschaft (»Kirche«) und Gesundheits-Kompetenz (»Küche«).
2. Hinzu kommt bei allen Frauen zeitweilig und bei vielen Frauen durchgehend ein viertes »K«: Karriere.

Bründel vermutet, dass Frauen nicht trotz, sondern wegen dieser Vierfachbelastung länger leben und auch gesünder sind als Männer.

- Einer der Gründe könnte das »K« sein, das für Gesundheits-Kompetenz steht, weil Frauen Gesundheits-Probleme nicht nur häufiger und früher spüren, sondern auch darüber reden, klagen, jammern und weinen, schließlich aber etwas für die Gesundheit tun.

Männer leben nur für ein »K«: Karriere. Diese Einseitigkeit führt aber zu zwei weiteren »K«: Konkurrenz und Kollaps. Bründel empfiehlt deshalb den Männern, von Frauen zu lernen.

Was Männer von Frauen lernen können

Männer sollten das eine »K« (wie Karriere) durch die drei anderen weiblichen »K« ergänzen.

Bründel: »Wenn Männer so weitermachen wie bisher, miteinander konkurrieren und nur ihre Karriere im Sinn haben, folgt darauf unweigerlich der frühe Kollaps … Männlichkeit im traditionellen Sinn ist geprägt von Macht- und Konkurrenz- und Kontroll-Denken und der Fixierung auf nur eine einzige Rolle im Leben.«

Bründel sieht die Lebensdauer als Ausdruck von Flexibilität und Anpassungsfähigkeit des Menschen:

- Männer konzentrieren sich starr auf die Karriere. Persönliches Glück suchen sie im Beruf.
- Eine »4-K-Frau« hingegen hat mindestens zwei Orte, an denen sie Glück finden kann: Beruf und Familie (»K« wie Karriere und »K« wie Kinder).
- Und sie besitzt Gesundheitskompetenz und zusätzlich ein stützendes Netzwerk (»K« wie Kirche, also: Gemeinde und Gemeinschaft), denn in aller Regel sind es noch immer die Frauen, die sich um die sozialen Beziehungen kümmern: um den Zusammenhalt von Kindern, Partnern, Eltern, Verwandten, Freunden, Nachbarn, Kollegen und allen anderen Menschen.

Ein solches informelles Netzwerk bildet heute, nach dem Zusammenbruch von Traditionen und Familie, den Ort, an dem der Mensch Geborgenheit findet. Männer in der Job/Konkurrenz-Gesellschaft haben diese Geborgenheit nicht. Richtig ist, dass Frauen geringere Karrierechancen haben. Bründel sieht darin aber nicht nur einen Mangel, sondern auch eine Stärke – Stichwort: länger leben durch Flexibilität und Anpassungsfähigkeit.

- Frauen schließen bei der beruflichen Karriere öfter als Männer Kompromisse. Sie sind eher bereit, ihren beruflichen Einsatz zu reduzieren, auf höhere Positionen zu verzichten und sich der Familie, Kindererziehung und der Haushaltsführung zu widmen. Das Paradoxe ist, dass diese

Mehrfachbelastung der Frauen auf die Gesundheit nicht unbedingt negativ durchschlägt.

- Frauen sind durch ihre Rollenvielfalt zudem besser auf die dritte Lebenshälfte ab 65 Jahren vorbereitet als Männer.
- Frauen sind ihrem Körper gegenüber zwar selbstkritischer, aber eben auch wachsamer als Männer und suchen häufiger medizinische und auch psychologische Hilfe.

Das Gesundheitsverhalten von Männern ist anders als das von Frauen:

- Männer gehen seltener zum Arzt, allenfalls dann, wenn es schon zu spät ist.
- Männer lehnen Vorsorgemaßnahmen und psychologische Hilfen häufig ab.
- Männer leben riskanter als Frauen, sie üben die gefährlicheren Berufe aus, lieben Extremsportarten und haben häufiger Unfälle.
- Männer haben selten ein Netzwerk, das sie emotional stützt und auch entlastet.

Vieles spricht dafür, dass Männer früher sterben, gerade weil sie Familie und Freundschaften vernachlässigen, emotionale Beziehungen nicht pflegen, ein geringer entwickeltes Gesundheitsbewusstsein haben und weniger für die Gesundheit tun. Bründel: Die Frauenforschung ist dafür eingetreten, dass der Mythos »Frauen, das kranke Geschlecht« gebrochen wurde. Die Männerforschung muss nun mit dem Mythos »Männer, das starke Geschlecht« aufräumen.

Humor als Quelle der Gesundheit

Der Wert des Lachens für unsere Gesundheit kann kaum überschätzt werden. Humor gibt Gelassenheit in harten Zeiten. Vier Eigenschaften – so der kanadische Psychologe Nicholas A. Kuiper von der University of Western Ontario[50] – zeichnen Menschen aus, die heil durch schwere Zeiten kommen:

- Durchhaltevermögen und Standfestigkeit,
- die Erfahrung, schon früher mit Problemen fertig geworden zu sein,
- die Fähigkeit, Stress und negative Ereignisse konstruktiv in das eigene Leben einordnen zu können, und eben
- Sinn für Humor.

Humor ist mehr als »immer nur lächeln, immer vergnügt«. Humor, so Kuiper, gehört zu unseren kreativen Fähigkeiten. Ein Problem mit Humor angehen, das bewirkt: neue Perspektiven sehen, wo das normale Denken nur bekannte Schwierigkeiten entdecken kann.

Humor macht unseren Geist flexibel, gibt uns Ideen und hilft uns, ausgetretene Gedankenpfade zu verlassen – von denen der schlimmste Gedanke lautet: »Es hat ja alles keinen Zweck.«

Weitere positive Folgen des Humors für die Bewältigung von Alltagsaufgaben und Lebens-Problemen hat Kuiper in der seit einigen Jahren an Universitäten wissenschaftlich-ernsthaft betriebenen Humorforschung gefunden. Wer Sinn für Humor hat,

1. sieht Probleme als Chance und nicht als Zeichen von Katastrophen an,
2. bleibt in besserer Stimmung, hat seltener negative Gedanken,
3. zeigt weniger Stress-Symptome, Traurigkeit und Verzweiflung (Depressivität),

4. denkt positiver über sich selbst, hat mehr Selbstvertrauen, glaubt stärker an die eigene Bedeutung im Leben, entspricht dem, was er sein möchte, besser, ist seelisch stabiler und bleibt in veränderten Zeiten der Mensch, der er immer war,
5. gerät seltener in seelische Turbulenzen, ist offener für andere Menschen, ist geselliger,
6. kann bei Schwierigkeiten mehr seelische Energie mobilisieren, ist besser motiviert, auch schwere Aufgaben anzupacken, hat das gute Gefühl, das Leben unter Kontrolle zu haben, statt ein Spielball der Menschen und der Umstände zu sein,
7. zeigt inspirierenden Enthusiasmus, wo andere nur noch an der Klagemauer stehen oder Bedenkenträger sind.

Wer »immer nur lächelt und immer nur vergnügt« sein will, schafft das nicht. Wie Humor das alles schafft? Humor fängt erst hinter den Gesichtsmuskeln, die unseren Mund zu einem Lächeln verziehen, an. Humor ist im Kopf.

Etwas mit Humor nehmen, das heißt: So lange auf ein Problem schauen, bis wir die positiven Seiten daran sehen und die Kraft spüren, mit ihm fertig zu werden – und sogar an ihm zu wachsen.

So entstehen positive Gefühle

Humor ist ein direkter Weg zu den positiven Emotionen des Menschen.

Humor erzeugt positive Gefühle durch die nach der »Musikbox-Theorie« (siehe Kapitel 12) erklärten beiden Bedingungen:

- erst einmal durch Aktivierung, durch das Erzählen einer Geschichte, die Aufmerksamkeit, also Interesse (siehe Kapitel 15 und 17) erzeugt, wodurch ein Denk-Trott unterbrochen wird, und
- dann durch eine positive Auflösung der geistig-seelischen Spannung in einem Lachen. Dieses Lachen erzeugt Freude und bewirkt Zufriedenheit.

162

Ob wir aber aus dem zweiten Stockwerk fallen oder (mit gleichen Beschleunigungskräften) eine moderne Achterbahn hinuntersausen, erleben wir in dem einen Fall als positives Gefühl, im anderen als negatives. Warum?

- Negative Gefühle gehen oft einher mit einem »Sich-ausgeliefert-Fühlen«. Das ist eine starke Beeinträchtigung unseres Selbstwertgefühls, die – falls chronisch – zu »erlernter Hilflosigkeit«, also Depressivität führen kann.
- Auch in der Achterbahn weiß man, dass Schreckliches auf einen zukommen kann, hat es aber erst einmal selbst in der Hand, sich dem Schrecklichen überhaupt auszusetzen (so wie man einen Horrorfilm nachts im Schlafzimmer gar nicht erst anstellen muss). Lässt man »den Film laufen«, so weiß man doch, dass möglicherweise entstehende negative Emotionen irgendwann – wie am Ende der Achterbahnfahrt – wieder aufhören werden.

Humor als Schutz vor Konflikten

Positive Gefühle haben leider zumeist eine geringere Intensität als negative. Dass dies so ist, könnte auf einer »Vorsehung« der Natur beruhen. Wenn negative Gefühle entstehen, müssen sie unter Umständen vor Todesgefahren warnen. Positive Gefühle aber haben nichts Bedrohliches an sich, sie können bereits auf geringerem Aktivitätsniveau in Gänze »konsumiert« werden.

Hierin ist einer der Gründe zu sehen, warum wir im zwischenmenschlichen Verhalten öfter als nötig mit negativen Emotionen arbeiten – erzeugt zum Beispiel durch Kritik. Die Unterbrecher-Wirkung negativer Emotionen ist größer, und man erreicht über sie rascher und mit geringerem Aufwand Aufmerksamkeit.

Ein positiverer Weg führt über den Humor. Den anderen Menschen – Frau und Mann und Kind – zum Lachen zu bringen, erzeugt eben auch Aufmerksamkeit und schafft dies ohne die negativen Folgen – etwa eine Kritik – für das Familienklima. Denn Lachen lockert auf – egal, worüber man lacht.

Aus rein körperlicher Sicht ist Lachen also immer zu empfehlen.

Aber es gibt eine bestimmte Art von Humor, die meist Probleme schafft, den so genannten »männlichen Humor«:

- Man macht sich über andere lustig, erzählt Blondinen-Witze, Ausländer-Witze, Behinderten-Witze, Arbeitnehmer-Witze – ha, ha. Männlicher Humor ist oft zynisch und baut Aggressionen gegen die Zielscheiben des Spottes auf – auch wenn man sich selbst zur Zielscheibe des Spottes macht. Beispiel: »Ich schlucke Ärger so schnell runter, dass ich den Hals davon gar nicht vollkriegen kann.« Diese Form des Humors nennt man Sarkasmus. Er ist meist seelische Notwehr, als solche kann sie hilfreich sein. Man schützt sich gegen Aggressionen von außen dadurch, dass man die Pfeile quasi gegen sich selbst abschießt.
- Bei »weiblichem« Humor hingegen wird nicht über die anderen, sondern mit den anderen Menschen gelacht. Spannungen werden abgebaut, Aggressionen aber nicht aufgebaut.

Fazit: »Männlicher« Humor ist oft ungesund und verletzend, »weiblicher« Humor ist heilsam.

Gesund durch Kreativität

Geistige Flexibilität und Anpassungsfähigkeit scheinen ein wesentlicher Garant für Gesundheit zu sein (siehe Kapitel 13). Umso wichtiger ist es zu wissen, wie Kreativität entsteht, denn die schon (in Kapitel 15) erwähnte Psychologin Ellen Langer nennt Kreativität »unsere Fähigkeit, uns an Veränderungen anzupassen«.

Mit dieser Definition ist Kreativität herausgehoben aus dem Bereich größerer Geistesprodukte größerer Genies. Sie wird zu einer einfachen und von jedem Menschen zu beherrschenden Überlebenstechnik. Ein anderer Psychologe, Jerome Bruner, ebenfalls von der Harvard University, hat Kreativität bezeichnet als »über die vorliegende Information hinausgehen«.

Dies heißt: Das Beherrschen gesicherter Erkenntnisse allein kann kaum kreativ sein, das Herunterspulen eingespeicherter Programme ebenso wenig, das Befolgen einmal aufgenommener Regeln schon gar nicht. »Creativity is breaking the rules« (Kreativität heißt die Regeln brechen).

»Mindfulness«

Einsichten dieser Art werden nutzbar gemacht in der therapeutischen Arbeit mit depressiven Menschen, die ja festen Denk- und Verhaltens-Regeln folgen. Ebenso setzt das Optimismus-Programm von Martin Seligman (siehe Kapitel 17), das der Prävention einer pessimistischen Lebenshaltung dient, auf eine Umwertung geistiger Prozesse. Vorteil: Prävention kann mehr Menschen zugute kommen als Therapie. Bei beiden – bei Therapie und Prävention – geht es jedoch im Kern darum, die einengende Wirkung negativer Emotionen zu überwinden.

Eigenschaften einer kreativen Persönlichkeit hat Ellen Langer aufgezählt. Sie kann

- sich frei machen von alten, vorgegebenen und besonders von bewährten Denkstrukturen,
- offen sein für neue Information (gleich, woher sie kommt),
- offen sein für Überraschungen, für Zusammenhänge,
- sich konzentrieren auf Prozesse und nicht auf Ergebnisse.

Aus diesem Stoff sind kreative Leistungen.

Das Wichtigste aber ist das, was Ellen Langer »Mindfulness« nennt: »Achtsamkeit«.

Um Menschen diese kreative Haltung näher zu bringen, macht Ellen Langer in ihren Kursen einige einfache Übungen. Sie bittet Menschen, morgens ihren Orangensaft nicht einfach hinunterzuschütten, sondern ihn zu schmecken, sich die Frage zu stellen: »Ist dieser Saft wirklich, was ich trinken will? Oder will ich etwas anderes? Was will ich dann? Und woher bekomme ich es?«

Es geht also um Achtsamkeit und Aufmerksamkeit. »Mindfulness« ist nach Langer, genau wie Kreativität, ein Zurück zu dem, der man ist. Die eigenen Reaktionen auf die Welt zu erkennen – dadurch wird sich ein Mensch wieder selbst kennen lernen. Er wird lernen, was er fühlt, was er will und was er tun will.

»Breaking the rules« bedeutet also gerade nicht ein kapriziöses Anderssein. Es geht tiefer. Es bedeutet auch nicht einfach irgendeinen Regelverstoß. Es bedeutet eine Abkehr von unserer Fixierung auf Regeln allgemein und auf das Beachten der Einhaltung von Regeln im Besonderen.

Statt dessen soll erst einmal nur achtsam, soll aufmerksam gelebt werden. Dann entstehen in einem kaum zu beschreibenden Prozess jene neuen Einsichten, die sich übrigens in aller Regel als eine Regel formulieren lassen. Kreativität, so verstanden, wird enthoben aus allen Bereichen eines »Spinnertums«. Gemeint ist ein meditativer Realismus, das freie Fließen seelischer Energie – bis diese neue Regel gefunden worden ist.

Gesund leben ohne Kampf und Krampf

»1-K-Männer« sind Karriere-fixiert (siehe Kapitel 13). Sie sind in ungesunder Weise – ein Wort von Charles Darwin – auf den »Kampf ums Dasein« (»the struggle for life«) programmiert. Aber auch immer mehr Frauen gewöhnen sich diesen »männlichen« Lebensstil an – eine der Folgen ist die anwachsende Rate von Herzinfarkten.

Diese evolutions-psychologische Mitgift gehört zu jenen Denk-, Empfindens- und Verhaltensweisen, die bis in jüngste Zeiten hinein der Erhaltung des eigenen Lebens gedient haben (siehe Kapitel 10), die aber in der Kommunikations- und Dienstleistungsgesellschaft des Dritten Jahrtausends nicht mehr funktional sind.

Wie können Menschen in gesunder Weise umprogrammiert werden? In einem einzigen Satz gesagt, durch ein christliches Leben: weniger alttestamentarisches »Auge um Auge, Zahn um Zahn« und mehr neutestamentarische Nächstenliebe.

Die heilsame Fähigkeit zu verzeihen

Eine Zahl sollte auch dem hartgesottenen Zyniker zu denken geben. Viele Krankheiten, die bis zum Alter von 65 Jahren auftreten, können vermieden werden. Schätzungen gehen von etwa zwei Drittel aller Krankheitsfälle aus.

Krankheit ist unproduktiv – menschlich und auch wirtschaftlich. So gehen zum Beispiel der US-amerikanischen Wirtschaft im Jahr allein weit mehr als 150 Milliarden Dollar durch die Folgekosten von Stress verloren.

Das größte Gesundheitsrisiko entsteht nach wie vor durch Herzerkrankungen.

Höchste Risiko-Gruppe sind dabei, wie immer neue Forschungen belegen, Menschen mit einer grundlegend feindseligen Einstellung dem Leben allgemein und besonders anderen Menschen gegenüber. Das sind Menschen, von denen der jüdische Mystiker Rabbi Josua Ben Shananya im ersten nachchristlichen Jahrhundert gesagt hat: »Der böse Blick, die böse Neigung, der Hass auf die anderen Geschöpfe Gottes, das ist es, was den Menschen umbringt.«

Positiv-psychische Prävention

Neben den bekannten körperlichen Vorbeugemaßnahmen gegen die Risiken eines Herztodes wie Vollwert-Ernährung und (regel-)mäßiger Sport rückt deshalb ein Abbau grundlegender Feindseligkeit an die erste Stelle. Der amerikanische Mediziner Redford Williams von der Duke University hat ein Zwölf-Punkte-Programm[51] aufgestellt, das dem größten Gesundheitsrisiko unserer Zeit, einem vorzeitigen Herztod, vorbeugen kann.

Drei wesentliche Ziele sollte ein Mensch dabei verfolgen:

1. Zynisches Misstrauen gegenüber den Motiven anderer Menschen verlieren.
2. Die Häufigkeit und die Intensität reduzieren, in denen negative Emotionen wie Ärger, Irritation, Frustration und Wut entstehen.
3. Lernen, andere mit Freundlichkeit und Nachsicht zu behandeln, und zugleich die persönliche Ich-Stärke erhöhen für alle unvermeidbaren Konfliktsituationen.

Das Wichtigste, was viele Menschen tun können, um das Risiko eines vorzeitigen Herztodes zu minimieren, ist, ihr eigenes negatives, feindseliges ICH kennen zu lernen. Fast alle Menschen, sagt Williams, halten sich für ruhige und friedliche Zeitgenossen. Der Gedanke, dass sie bei anderen Angst auslösen könnten, kommt ihnen überhaupt nicht. Genau das Gegenteil aber ist häufig der Fall. Und das schafft belastende mitmenschliche Beziehungen. Diese erzeugen feindselige, negative Gedanken anderen Menschen gegenüber, und die sind zu stoppen. Nur wie?

- Mit [...] den des Gedanken-Stopps zum Bei-
spie[...] nn negative Gefühle und Gedanken
auf[...] it einiger Übung – erst sehr laut (und
am [...] ch selbst ein »Stopp« zurufen. Diese
Tec[...] ielen Menschen bewährt, die zwang-
haf[...] en Gedanken den ganzen Tag über
»wi[...]
- Ent[...] wichtig.
- Lac[...] ch selbst und mit anderen (und nicht
übe[...].
- Me[...] igenen Geist von negativen Gefühlen
und[...] en.
- Die [...]haft des Zuhörens – statt viel zu oft
selbst zu reden – schafft eine gute Vertrauensbasis zwischen
Menschen.
- Ein guter Rat von Williams ist auch, sich vorzustellen:
»Heute ist mein letzter Tag. Ist wirklich wichtig, was ich so
wichtig finde?«

Das Wichtigste aber ist die christliche Tradition der Verge-
bung, sagt Redford Williams. Wer Gedanken an Rache aufgeben kann, wird spüren, dass pfundweise Ärger von seinen
Schultern abfällt, dass der innere Schmerz nachlässt und die
Erinnerung an das Unrecht, dass andere einem angetan haben, verblasst.

Erfolg ohne »Power«

Es ist einer der schwer ausrottbaren Mythen des Wirtschafts-
lebens, dass Kampf zu persönlichem Erfolg führt. Der amerikanische Psychologe Robert Helmreich[52] hat in mehreren Studien – und dies zu seiner Überraschung und eigentlich gegen
seine Überzeugung, denn er hält Wettbewerb zwischen den
Menschen nicht für vordergründig »unethisch« – das Gegenteil bewiesen.

Menschen mit einer kooperativen Einstellung hatten größere Erfolge in beruflichen bzw. Ausbildungssituationen:

Dieser aus besten Garnen hergestellte Qualitätsstrumpf wurde vor dem Verpacken eingehend geprüft. Sollten Sie dennoch irgendeine Beanstandung haben, senden Sie uns bitte zur Kontrolle diesen Zettel mit ein.

Nr. 326

- als Naturwissenschaftler (gemessen an der Häufigkeit, mit der ihre wissenschaftlichen Arbeiten zitiert werden);
- als Geschäftsleute (gemessen am erreichten Einkommen);
- als Studenten (gemessen an Leistungsbenotungen);
- als Universitäts-Psychologen (wie bei den Naturwissenschaftlern gemessen an Zitaten in der wissenschaftlichen Literatur);
- als Schüler der 5. und 6. Klasse (gemessen an Ergebnissen von Leistungstests);
- als Piloten (gemessen an von den Luftlinien geführten »performance records« und in gleicher Weise gemessen an erfolgreicher Arbeit beim Reservierungspersonal von Luftlinien).

Konkurrenz als Leitwert für die eigene Arbeit führt auch in ganz anderen Bereichen zu schlechteren Arbeitsergebnissen.

Der harte journalistische Wettbewerb innerhalb von Redaktionen um die bessere Geschichte erzeugt – wie ein Blick in die Zeitungen tagtäglich aufs Neue beweist – zumeist nur die extravagantere Schlagzeile, die dann in aller Regel nicht durch die Qualität des nachfolgenden Beitrags gerechtfertigt wird. Zu ähnlichen Wertverlusten kommt es innerhalb von Redaktionen beim Kampf um »Raum oder Sendezeit«. Auch hier kommt es nach Insiderberichten zu Übertreibungen, um überhaupt Platz zu bekommen – was auf eine Verunglimpfung des an echter Information interessierten Medien-Kunden hinausläuft.

Konkurrenz im Sinn von »Sich-Durchsetzen« führt in aller Regel zur unproduktiven Situation des Null-Summen-Spiels, bei dem ein persönlicher Gewinn zur Bedingung hat, dass der Mitbewerber persönlich verliert.

Produktiv wird Konkurrenz niemals dann, wenn ein Streit darüber entfacht wird, in welche Teile »das Fell des Bären« zerlegt werden soll. Wichtiger sind Nicht-Null-Summen-Spiele, bei denen mehr als ein Bär erlegt wird, bevor man die Beute aufteilt.

Teil 6

Positive Psychologie des Glücks

Wie sieht ein Leben aus, das moralische Werte entwickelt? In unserem Streben nach Glück kommen wir so vermutlich am weitesten: als einzelne Menschen, im Zusammenleben und in der Gesellschaft.

Glück durch Liebe:
Hat die Bibel doch Recht?

Als wichtige Aufgabe hat sich die Positive Psychologie gestellt, die Frage zu beantworten, wie aus einer normalen Ehe eine Lebensgemeinschaft wird, die Freude und Zufriedenheit gibt und das Interesse am Leben und Zusammenleben fördert.

Die drei Worte »Ich liebe dich« sind dafür keine ausreichende Basis. Sie reichen für den Entschluss zu einer Ehe, verlieren aber – spätestens nach zwei Jahren (siehe Kapitel 7) – ihre bindende Kraft, wenn allein auf die Gefühle einer romantischen Liebe gesetzt wird.

Eine schöne und praktisch umsetzbare Definition von Liebe hat der spanische Dichter Cervantes gegeben: »Sag, wie sich die Liebe nährt. Sie gewährt.«

Was damit gemeint sein könnte, ist in dem nachzulesen, was Paulus im 1. Korintherbrief 13 über Liebe und Partnerschaft sagt. Seine Worte stimmen mit Ergebnissen der modernen Partner-Psychologie überraschend überein. Und im »Lastenheft« der Positiven Psychologie stehen viele Werte, die nicht dem neuesten Zeitgeist entsprechen, sondern menschlicher Tradition.

Paulus sagt: **Liebe ist langmütig.** Wie sieht eine Ehe aus, in der Langmut fehlt? Kurz und schlecht: wie viele moderne Ehen.

Die Ehe ist zu einem Wegwerf-Produkt unserer Wegwerf-Gesellschaft geworden. Die Chancen, dass Menschen, die heute in erster Ehe heiraten, wieder geschieden werden, liegen inzwischen in den USA bei nahezu 50 : 50 – und wir in Europa holen stark auf.

Lernen wenigstens die Menschen, die einmal Schiffbruch oder Ehebruch erlitten haben, langmütiger zu sein? Nein. Die zweite Scheidung ist noch sicherer als die erste, denn die Scheidungsrate bei Zweitehen liegt noch höher, in den USA bei 64 Prozent. Zwei von drei in zweiter Ehe verheirateten Paare trennen sich wieder.

Ehen, sagt der Familienforscher John Gottman, gehen nach einem vorgegebenen destruktiven Programm zugrunde. Gottman kann mit mehr als 90-prozentiger Wahrscheinlichkeit voraussagen, ob eine Ehe Bestand hat oder nicht. Zwei Kriterien spielen dabei eine Rolle (nur zwei!):

1. Große Vorhersagbarkeit, was Partner B denkt, sagt und macht, wenn Partner A etwas gesagt oder getan hat. Vorhersagbarkeit – wenig Flexibilität, wenig Überraschung im Denken, in der Kommunikation und im Verhalten ist (siehe Kapitel 15) kennzeichnend für negative Emotionen.
2. Ein Ablauf in vier Stufen. Gottman nennt sie »die vier apokalyptischen Reiter« der Ehe. Es sind dies

1. Kritik am Partner
2. Sich verteidigen gegen Anschuldigungen
3. Verachtung für den Partner
4. Sich einmauern und total abschotten.

Wenn Stufe 4 erreicht ist, ist eine Partnerschaft meist unrettbar verloren.

Gottman rät Partnern deshalb: »Wenn Männer die Klagen ihrer Frauen einfach nur abtun oder sich in sich selbst zurückziehen, kommen die Klagen nur immer und immer wieder hervor: und ebenso der Ärger ... Männer sollten diesen Ärger positiv aufnehmen – was, zugegeben, nicht immer einfach ist. Der ›Trick‹ besteht darin zuzuhören, ohne sich zu verteidigen ... Frauen sollten also nicht aufhören, Gefühle auszudrücken, sondern sollten aufhören, Vorwürfe zu machen.«[53]

Das heißt erst einmal aufpassen, dass man noch nicht einmal »Stufe 1« erreicht. Wie das geht? Es ist in keinem Psychologie-Buch so präzise ausgedrückt wie in 1. Korinther 13. Langmut ist das Stichwort. Nicht – wie oft üblich – innerhalb von Sekundenbruchteilen reagieren, denn wer das macht, reagiert aufs Stichwort. In Zehntelsekunden kann niemand richtig zugehört, nachgedacht und verstanden haben.

Paulus sagt: **Liebe treibt nicht Mutwillen.** Wie sieht die Realität vieler Ehen heute aus? Frauen klagen mit Recht über ungerechte Arbeitsteilung. In Ehen, in denen beide Partner berufstätig sind, arbeiten die Männer (in Job und Haushalt) rund 55 Stunden pro Woche, die Frauen aber rund 71 Stunden. Frauen bleiben hier meist langmütig, freundlich, und sie eifern nicht, wenn Männer einfach nur faul sind. Das ergaben Partnerdiskussionen über die Aufteilung der Hausarbeit.

Aber sie verlieren die Geduld, wenn Männer auch noch »Mutwillen treiben« und sogar noch »bei dem bisschen Haushalt« sagen wollen, wo es lang geht – was viele Männer in solchen Gesprächen über Arbeitsteilung im Haushalt tun, wie durch Video-Protokolle an der Universität von Kalifornien nachsehbar ist.

Wie ist es bei »Thema Nr. 1«, der Sexualität? Viele Männer ereifern sich mit Gedanken und Klagen im Stil von: Meine Frau ist »frigide«.

Die Wissenschaft hat mit Bienenfleiß zusammengetragen, woher »gehemmte sexuelle Lust« bei Frauen in festen Partnerschaften kommen könnte – hormonelle Störungen, Alter, Schmerz, seelische Faktoren wie unbewusste Konflikte und Ängste vor Intimität, emotionale Folgen sexueller Übergriffe in der Kindheit, Depression ... und viele andere.[54]

Therapien gegen alle aufgezählten und viele andere mögliche Ursachen von »Frigidität« werden angeboten. Sie verbessern die Kommunikation der Partner – aber sie lösen das Problem der »Lustlosigkeit in der Ehe« nicht. Psychologen von der kanadischen Universität Ottawa haben sexuell zufriedene Paare mit Paaren verglichen, bei denen »Frigidität der Frau« ein Problem ist. Ergebnis: In der zweiten Gruppe lagen erhebliche Beziehungsprobleme vor. Bei den Paaren der ersten Gruppe hingegen nicht.

Das heißt: Nicht die Frauen, sondern die Ehen sind »frigide«, und die sich beklagenden Männer sollten die Gründe dafür erst einmal bei sich selbst, im eigenen Verhalten suchen.

Paulus sagt: **Die Liebe sucht nicht das Ihre.** Meist sind es die Frauen, die in der Partnerschaft nicht »das Ihre« suchen, sondern die eine Gesamtverantwortung übernehmen. Einfachstes Beispiel: Selbst wenn beide Partner arbeiten, bleibt zur Vorbereitung auf den Urlaub viel Alltagsarbeit meist an den Frauen hängen: Kleidung für mehrere Menschen für mehrere

Wochen vorbereiten, Koffer packen, Sonnenöl und Medikamente besorgen, Post abmelden, Zeitung umbestellen, Blumen versorgen, während der Fahrt und am Urlaubsort die Haushalts- und Kinderpflichten übernehmen und nach der Rückkehr alles wieder auspacken, die Wäsche von mehreren Wochen und mehreren Personen waschen, bügeln und verstauen ... Die beste Erholung für viele Frauen wäre es deshalb, überhaupt nicht zu verreisen, sagt die englische Soziologin Rosemary Deem.[55]

Paulus sagt: **Die Liebe erträgt alles. Sie rechnet das Böse nicht an.** Das heißt nicht, dass man das Böse nicht erkennen sollte, sondern dass man wissen muss: Aus dem Diskutieren, dem Hin- und Herwälzen des Bösen, aus dem Bad in der gemeinsamen Gemeinheit entsteht das Gute noch nicht. Wenn das Böse angerechnet wird, wenn Liebe »erbittert«, weil ein Partner »das Seine« nicht bekommt, gibt es mehr als Diskussionen:

- Nach Angaben des US-Justizministeriums ist die Zahl der tatsächlichen oder versuchten Vergewaltigungen in der Ehe von 133 000 im Jahr 1991 auf 310 000 (1995) gestiegen.
- Vier Frauen werden nach offizieller Statistik pro Tag in den USA von ihrem Mann oder Freund ermordet (1.348 Fälle sind 1994 bekannt geworden). Die Wahrscheinlichkeit, dass eine Frau von ihrem Mann oder Freund ermordet wird, ist in den USA größer, als dass sie durch die Hand eines Fremden stirbt.
- Eine englische Untersuchung kommt zu dem Schluss: Der Arbeitsplatz und das eigene Zuhause sind die beiden gefährlichsten Orte für Frauen. In den eigenen vier Wänden bedroht sind Frauen vor allem von sexueller Gewalt durch ihre Partner oder Ex-Partner und Menschen aus der Nachbarschaft.[56]

Paulus sagt: **Die Liebe freut sich der Wahrheit.** Die Wahrheit einer Ehe ist manchmal schwer zu erkennen, und noch schwerer ist es, ihr ins Auge zu blicken. Die Zeitschrift für Pastoralpsychologie[57] hat Mitte der 90-er Jahre die Frage gestellt: Warum erhalten viele Frauen Ehen aufrecht, in denen sie seelische oder körperliche Gewalt erleiden? Häufig genannte

Gründe sind: Materielle Abhängigkeit vom Ehemann und die Überzeugung dieser Frauen, sie müssten das Gewalt-Problem bewältigen, um die Ehe zu retten.

Besonders religiös geprägte Frauen fühlen eine starke Verpflichtung, ihr Ehe-Versprechen einzuhalten. Deutlicher gesagt: Religiös eingestellte Frauen sind eher bereit, in der Ehe zu leiden.

Die Psychologin Myra N. Burnett vom Spelman College in Atlanta fordert Psychologen und andere Ehe-Berater dazu auf, Opfer von Gewalt von dieser Verpflichtung zu befreien. Das muss nicht die Aufforderung zur Trennung sein – sehr wohl aber ist es die Aufforderung zur Wahrheit. Und die ist – nach vorne blickend – oft positiv, denn gute Partnerschaft ist erlernbar.

Welche Wahrheit unterscheidet eine gute Ehe von einer schlechten?

Die verblüffende Antwort lautet: Nicht Geld, soziale Stellung oder die Persönlichkeit der Partner sind entscheidend, sondern ihre Art, miteinander zu reden. Dies hat eine Psychologen-Gruppe um Andrea Kaiser von der Technischen Universität Braunschweig und der Universität Kiel herausgefunden.[58]

Die Psychologen führten mit 67 Ehepaaren einen Wochenendkurs durch, in dem die wichtigsten Regeln im Umgang mit Partnerkonflikten in konkreten Gesprächssituationen trainiert wurden. Paare, die an dem Training teilgenommen hatten, waren vergleichbaren Paaren ohne dieses Training in vielerlei Hinsicht überlegen: Sie attackierten ihren Partner weniger, rechtfertigten sich nicht dauernd in unangemessener Weise und versuchten auch nicht ständig, ihren eigenen Standpunkt durchzusetzen. Stattdessen akzeptierten sie ihren Partner im Gespräch mehr, waren konstruktiver, hielten mehr Blickkontakt und waren einander stärker zugewandt. Diese Studien zeigen: Eine gute Partnerschaft ist erlernbar.

Wahrheit aber liegt nicht nur im Negativen. Eine positive Wahrheit ist, dass Trennung und Scheidung kein Schicksal sind, gegen das Ehepaare wehrlos sind. Das zeigen erste Ergebnisse einer Langzeit-Untersuchung, die seit Mitte der 80-er Jahre im Zentrum für Ehe und Familie der Universität Denver durchgeführt wird.[59]

Bereits wenige Stunden psychologische Beratung – ähnlich wie die in Braunschweig durchgeführte – können Zerfalls-Prozesse in Ehen aufhalten: wenn frühzeitig gesucht wird. Viele Paare versäumen aber diesen wichtigen Zeitpunkt, denn sie glauben, mit den überraschend nichtigen Anlässen für Unstimmigkeiten selbst fertig werden zu können. Trennung und Scheidung entstehen, so die Forschergruppe um Howard J. Markman, vor allem durch

• Kommunikations-Probleme (die Paare können nicht mehr über die für sie wichtigen Dinge reden) und durch
• destruktive Ehe-Konflikte (wenn geredet wird, kommt es zu keinen brauchbaren Ergebnissen).

Destruktive Kommunikations- und Konflikt-Muster frühzeitig aufzudecken und abzubauen, das ist Ziel eines Trennungs-Präventions-Programms, das an der Universität in Denver seit den 70er-Jahren durchgeführt wird. Ergebnisse:

• Noch nach 12 Jahren gab es bei den Paaren, die ein solches Programm absolviert hatten, deutlich weniger gegenseitige Aggressivität als bei Paaren ohne Kursbegleitung.
• Die Zufriedenheit mit der Ehe war deutlich höher als die der anderen Paare.

Zur Wahrheit gehört auch, dass viele Ehe-Berater Paaren in der Vergangenheit leider einen falschen Weg gewiesen haben.

• Die »offene Ehe« wurde proklamiert, das Buch des Ehe-paares George und Nena O'Neill mit diesem Titel war ein Weltbestseller. Dass die O'Neills später von ihrer eigenen Idee abgerückt sind, haben sie leider nicht in die Welt hinausposaunt.
• »Androgynität« wurde empfohlen – Männer und Frauen sollten sich seelisch einander angleichen. Das klingt hoffnungsfroh, entspricht aber auch nicht der Lebenswahrheit. Eine Untersuchung der Mediziner Reinhard Arndt und Hartmut Bosinski von der Universität Kiel zeigt, dass seeli-

sche Stabilität eindeutig mit einer »maskulinen« Selbstein-
ordnung einhergeht.

- Ein Zusammenleben vor der Ehe wurde empfohlen – gleichsam als Ehe-Training. Aber Sozialforscher beobachten seit
längerem, dass Paare, die bereits vor der Hochzeit zusam-
mengelebt haben, häufiger geschieden werden als andere.
Den Grund dafür beschreibt der Soziologe David R. Hall
von der University of Western Ontario aufgrund einer kanadischen Befragung an mehr als 5000 Frauen. Als brüchig
erwiesen sich Ehen, die als Lebensform zur Selbstverwirklichung nach eigenen Normen und ohne Anpassung an traditionelle Vorstellungen von der Ehe – etwa dass Ehen für die
Dauer des Lebens geschlossen werden – verstanden wurden.
Diese selbst-gestalteten Werte finden sich bei Menschen, die
in Ehen ohne Trauschein zusammenleben, häufiger wieder.

Man mag es mögen oder nicht, aber manchmal hat die Bibel
doch Recht.

Paulus sagt: **Die Liebe höret nimmer auf.** Liegt hier das Geheimnis? Wenn ja, wäre es eine große Provokation für alle, die
in der Liebe Rat geben. Dieser Rat – man muss sich klar machen, woher Psychologen ihre Einsicht in die Partnerbezie-
hungen bekommen – stammt zumeist aus der Ehe-Therapie
und der Ehe-Beratung. Ehe-Berater erleben also das Grau
und das Grauen der Beziehungen und reden deshalb manchmal »wie der Blinde von der Farbe«, denn glückliche Paare gehen ja nicht zum Therapeuten.

So kommt es, dass die besten Ehe-Ratgeber die Ehe oft als
eine Art Vertrag zwischen zwei gleichberechtigten Partnern
ansehen. Solche Ehen aber, dies hat die Psychologin Judith S.
Wallerstein erkannt, »sind erschreckend fragil«.

Moral ist wichtiger als Glücksgefühle

Moderne Ratgeber sehen die Ehe oft als eine Art Vertrag
an – ähnlich wie Verträge zwischen Geschäftspartnern.
Durch einen Vertrag unter Gleichberechtigten und Psy-
chohilfen wie gute Kommunikations- und Verhandlungs-
Techniken soll der Weg zum Glück durch »persönliches

Wachstum« und »persönliche Erfüllung im Leben« gewiesen werden.

Solche Ehen, so die Psychologin Judith S. Wallerstein[60], »sind aber erschreckend fragil«. Wallerstein ist eine der bekanntesten Scheidungsforscherinnen unserer Zeit. Und sie war eine der ersten (Männer inbegriffen), die sich im Sinn einer Positiven Psychologie nicht nur dafür interessiert hat, was in schlechten Ehen möglicherweise falsch, sondern auch dafür, was in guten Ehen möglicherweise richtig gemacht wird. Sie fand:

• Persönliches oder gemeinsames Glück ist nicht das oberste Ziel in guten Ehen. Die Ehe sollte lieber gut als glücklich sein.

• In guten Ehen ist Gleichberechtigung in jedem Punkt nicht das zentrale Thema.

• In guten Ehen überwinden die Partner auch das Denken an »persönliche Erfüllung«. Gute Ehen werden vielmehr gelebt, wie ein gutes Bühnen-Ensemble ein Stück gibt: Keiner versucht zu glänzen, sondern jeder gibt sein Bestes, damit der andere gut herauskommt.

• Eine gute Ehe erfordert moralische Qualitäten wie Freundlichkeit, Verzicht auf Durchsetzung eigener Interessen, Taktgefühl oder Respektieren der Verletzbarkeit des Partners.

• Partner in guten Ehen bewundern ihre Partnerin/ihren Partner, sehen sie/ihn als guten, moralisch wertvollen Menschen an, bewundern gegenseitig die Stärke ihres Gewissens, ihren Mut und ihre Ehrlichkeit.

Die Ehe wie ein gutes Bühnenstück aufführen: Nicht selbst der Star sein wollen, sondern ein gutes Zwei-Personen-Stück daraus machen – da scheint ein wichtiges Geheimnis zu liegen. »Der Star ist die Mannschaft« hat sich sogar bis in die exklusivsten Männerkreise herumgesprochen, ein bekannter Fußball-Trainer pflegt es seinen »Stars« zu sagen.

Als Modell für solch eine Partnerbeziehung – ja sogar als Modellfall für die Gesellschaft – können Frauenfreundschaften gelten, sagt die Schweizer Psychotherapeutin Verena Kast, Dozentin am C.G.-Jung-Institut und Professorin an der Universität Zürich. Sie wünscht sich, wünscht uns eine Gesellschaft, die von einer Beziehungskultur statt von einer Konkurrenzkultur bestimmt ist.[61]

Frauenfreundschaften sind eine Beziehungsform,

- die sehr stabil ist,
- die große Zufriedenheit in sich birgt,
- die sehr viel Anteilnahme, Hilfe und Verstehen gibt,
- die aber auch einen großen Anreiz dazu birgt, dass die einzelne Frau wirklich mehr sie selbst wird, sich nicht einfach anpasst.

Kast meint, dass die »Werte, die in Frauenfreundschaften immer wieder sichtbar werden und die diese befriedigende Beziehung ermöglichen«, als allgemeine Werte einer Beziehungskultur verstanden werden könnten.

Einige Ausführungsbestimmungen für diese Beziehungskultur finden sich konzentriert in 1. Korinther 13.

Was ist Glück?

Was also ist Glück? Schwer zu sagen. Schwer zu definieren. Aber leicht zu erkennen, hat der Philosoph Ludwig Marcuse[62] einmal gesagt: »Man kann mit dem Finger hinweisen auf Glück. Es ist nicht nur zu fühlen, es ist auch zu sehen und zu hören. Es erscheint in den Augen eines Menschen, um den Mund herum, in seiner Stimme, an der Nasenspitze, in der Haltung.«

Allerdings – ein solches Nasenspitzen-Glück sollte eher Freude genannt werden, die Freude über die Goldmedaille, den Wahlsieg, den verwandelten Elfmeter, das bestandene Abitur – eine Mischung also aus eigener Anstrengung, gerichtet auf ein konkretes Ziel, verbunden mit hoher Motivation und jenem »Quentchen[63] Glück«, von dem man in Sportzeitungen immer dann liest, wenn es gefehlt hat.

Nasenspitzen-Glück aber zeigt sich auch, wenn es sich nicht nur um ein »Quentchen« handelt, sondern um eimerweise Glück, bei dem die eigene Leistung gering und das Wirken des Zufalls – »Lady Luck« – groß war: bei der Freude über den Lottogewinn oder über eine neu gefundene Liebe zum Beispiel.

Der einmalige Glücksfall aber garantiert noch kein Glück auf Dauer, kein Lebensglück, dem in den USA immerhin neben dem Grundrecht auf *life* und *liberty* als *pursuit of happiness* Verfassungsrang zugesprochen wird.

Aber auch die US-Verfassung entzieht sich der Definition des Wortes Glück. Ihrem freiheitlichen Charakter entsprechend, verzichtet sie darauf, sich auf einen der 289 oder Tausend Glücksbegriffe festzulegen, oder gar die Art des *pursuit*, des Strebens nach Glück, festzuschreiben oder durch eine »soziale Komponente« abzusichern – besonders etwa für *life*, *liberty* und den *pursuit of happiness* der indianischen Urbevölkerung.

Glück wurde und wird so oft zum trivial pursuit, gleichbedeutend mit materiellem Reichtum oder Konsumfreiheit, in den Worten eines Textilherstellers zu: »Life, Liberty, and Fruit of the Loom«.

Was ist Unglück?

Jeder hat das Recht, *to make a fortune*, zum *corriger la fortune*. Und auch wenn es an einer allgemein gültigen Definition von Glück und der Anleitung für das Streben danach fehlt – immerhin gibt es »Anleitungen zum Unglücklichsein«.

Lange vor dem Psychologen Paul Watzlawick hat der französische Philosoph Montaigne die großen Glücks-Verhinderer beschrieben: Lügen zum Beispiel, aber auch Geiz, Neid, Verrat, Heuchelei, Verleumdung und Verzeihung (womit er wohl meint, dass der am glücklichsten lebt, der anderen gegenüber keine Fehler macht, für die er dann um Verzeihung bitten muss).

Die Liste erinnert an die Aufzählung der Sieben Todsünden – Hochmut, Geiz, Wollust, Neid, Völlerei, Zorn und Trägheit des Herzens. Einen theologisch allgemein anerkannten Katalog gibt es nicht. Sehr wohl aber die Unterscheidung zwischen einfachen Sünden und Todsünden im 1. Johannesbrief des Neuen Testaments, Kapitel 5, Verse 16 und 17.

Folge der Todsünden ist unter anderem (Meyers Lexikon, 1909) der »geistige Tod, d. h. Verlust des Gnadenstandes und Verdammnis«. Das reizt zur psychologisierenden Übersetzung. Ist der »geistige Tod« zu verstehen als geistig-seelisches oder psychosomatisches Leiden? Wenn ja, zwingt das dann aber auch dazu, der Negativliste der Glücks-Verhinderer und Todsünden eine Positivliste entgegenzusetzen.

Ist Glück »machbar«?

Sind wir selbst verantwortlich für unser Glück oder Unglück?

• Die Lehre Calvins, die das Selbst- und Weltverständnis holländischer »Pfeffersäcke« und englisch-amerikanischer Betriebswirte bis heute prägt, spricht dafür. Gottwohlgefälligkeit zeigt sich nicht erst am St. Nimmerleinstag im Paradies, sondern zeigt sich am Wohlergehen auf Erden, am einfachsten am materiellen Wohlstand.

- Dafür spricht indirekt auch die katholische Sündenlehre, die gute Werke und – im Fall der Sünde – Buße oder im Mittelalter auch den Kauf von Ablassbriefen empfahl und empfiehlt: Ausgangspunkt für
- Martin Luthers Gnadenlehre, die dem Regelwerk von Sünde und Buße – also der »Machbarkeit der Gottwohlgefälligkeit« – weniger getraut hat. Den sicheren Weg zum Glück sah Luther nicht, den sicheren Weg zum Unglück deshalb auch nicht, weil er die Gnade Gottes für größer hielt als die Fähigkeit des Menschen, zu sündigen oder, positiv gesehen, Gott wohlgefällig zu leben.

Die Gnadenlehre markiert die Trennlinie zwischen Evangelisch und Katholisch bis ins Jahr 2000 – mit durchaus irdischen Konsequenzen. Die Protestanten verzichten darauf, dem Menschen mit der Macht der *mater et magistra* vorzuschreiben, wie er zu leben habe, die katholische Kirche eher nicht.

Uneins ist man sich auch, was das Buch Hiob in diesem Zusammenhang bedeutet.

Hiob war ein reicher und geachteter Mann, gesegnet mit irdischem Glück, mit irdischen Gütern, wie kein anderer unter seiner Sonne. Gott wohlgefällig glaubte Hiob gelebt zu haben. Sein Glück hielt er – soweit er überhaupt darüber nachgedacht haben mag – für die logische Folge seines gottgefälligen Lebens.

Gott aber wollte prüfen, ob Hiob ihm auch im Unglück die Treue hielte. Er nahm ihm alles, seine Herden, seine Söhne und seine Gesundheit.

Als dem glücklichen und geachteten Mann diese – noch heute nennen wir es so – Hiobsbotschaften überbracht wurden, empfand er Zorn. Ungerecht erschien dem Gerechten, dass ihm alles genommen wurde.

Hiob bestand seine Prüfung – nach vielem Leiden, Rechten und Kämpfen –, bestand sie aber erst, als er sich Gott völlig unterwarf, dem zornigen, dem ungerechten Gott. Nichts hatte er zu seinem Unglück beigetragen, nichts hatte er zu dem neuen Wohlstand beigetragen, der sich dann über ihn ergoss: Doppelt so große Herden, doppelt so viel Söhne und ein Leben, das noch 140 Jahre dauern sollte, doppelt so lang wie die 70 Lebensjahre, die er zur Zeit seiner Prüfung alt war.

Die Bibel ist kein Psychologiebuch. Aber aus der Geschichte von Hiob dürfen wir dennoch Lehren ziehen für die heute so dringlichen Fragen zum Zusammenhang von Wohlstand und Glück und zur Machbarkeit von Glück. Sie könnten lauten:

Hiob hat sein irdisches Glück nicht »gemacht«. Er war reich, wurde arm und ist noch reicher geworden – und immer, ohne dass er sein Glück geschmiedet hätte.

Wenn das die Botschaft ist, widerspricht sie so ziemlich allem, was heute über Glück und materiellen wie geistigen Wohlstand gedacht wird.

Psychologische Anleitung zur Suche nach Glück

Aus psychologischer Sicht sind die theologischen Diskurse unbefriedigend. Therapie und Beratung können zwar einiges ausrichten gegen menschliches Unglück, wie es sich in Fehlern, Schwächen, Problemen, Krisen und Leiden niederschlägt.

Eine Positive Psychologie aber hat einen Weg zum Glück zu finden. Er ist nicht bekannt, aber die Spurensuche – so Ricarda Winterswyl, ehemalige Gymnasialdirektorin in München, in ihrem Buch »Das Glück« (1966) hat neu begonnen. Fündig wird Winterswyl in der aristotelischen Vorstellung von Glück, die gekoppelt ist an »Tätigkeit und Gelingen«.

Tätigkeit und Gelingen spielen zum Beispiel in einem Wort des Soziologen Ulrich Beck über heutige Lebensgestaltung eine Rolle:

»Das eigene Leben«, sagt er, »ist der Versuch und die Versuchung, in sich selbst Grund, Kraft, Ziel der Selbst- und Weltgestaltung zu finden. Dieser Versuch ist von seinem Ende her gesehen vom Scheitern bedroht. Dies gibt dem eigenen Leben seine Konturen: seine Flüchtigkeit, seinen Lebenshunger, seinen Geschmack von Bitternis, Trostlosigkeit, von Ironie und Leichtigkeit.«

»Vom Ende her gesehen« ist dies ein abgeklärtes, ein skeptisches Wort, vom Anfang her gesehen aber enthält es ein »Trotzdem« – Humor ist, wenn man trotzdem lacht, und Leben ist, wenn man es trotzdem lebt.

Die Vorstellung von Glück durch »Tätigkeit und Gelingen« kann – psychologisch gesehen – inzwischen aber dem nur intellektuellen Diskurs entrissen werden, denn sie kann sich auf empirische Forschung stützen. Diese Glücksvorstellung entspricht ziemlich genau dem Bewusstseinszustand des »Flow« (siehe Kapitel 15), der erreicht wird durch

- völliges Aufgehen in einer Tätigkeit, gekoppelt an Weltabgewandtheit, bei der weder Not noch Schmerzen, weder Arbeitsbedingungen noch das Umfeld der Tätigkeit oder ihr Sinn und Nutzen ins Bewusstsein eindringen.
- Von Flow-Zuständen berichten Künstler ebenso wie Menschen, die gebeten werden, Situationen hoher Arbeitszufriedenheit zu nennen. »Flow« wird Kindern, die von ihrem Tun absorbiert sind, zugeschrieben, und dieser Bewusstseinszustand wird ebenfalls durch Genzerfahrungen erreicht (etwa bei einem Runners' High).

Abkürzungen auf dem Weg zum »Flow« sind bekannt und werden gern genommen. Winterswyl:

- Das biochemische Äquivalent eines »Flow« kann auch durch Drogen erreicht werden oder »unter tausend anderen Molekülen« durch körpereigene Opiate (Endorphine).

Winterswyl warnt aber, dass das »biochemische Glück« ein flüchtiges Phänomen sei. Die Halbwertzeit liegt bei etwa fünf Minuten.

Sind wir für das gesellschaftliche Glück verantwortlich?

Ulrich Beck sprach nicht nur von der Selbstgestaltung, sondern auch von der Weltgestaltung.

Persönliches Glück hat auch eine politische Dimension. Ganz einfach deshalb, weil unser Unglück oder Glück davon abhängt, wie es unseren Mitmenschen geht, heute sogar: allen Menschen auf der Erde. Wer zu seinem Glück gesunde Luft und sauberes Wasser braucht, müsste heute ja eigentlich einen Heilsplan für die ganze Erde kennen.

Die Politik kennt solche Pläne – zumindest in Ansätzen. Auf der Rio-Konferenz sind Ziele zum weltweiten Schutz der Umwelt formuliert worden. In der praktischen Politik aber schrumpfen sie immer mehr zusammen: auf die Gesetze des Marktes, die das göttliche Gesetz weitgehend abgelöst zu haben scheinen.

Wohlstand über alles! Bestehender Wohlstand muss geschützt werden, und daraus entsteht durch die Kräfte des Marktes neuer Wohlstand für alle, das ist die Logik – ein Denken, dem etwa der katholische Theologe Friedhelm Hengsbach (Süddeutsche Zeitung vom 6. April 1999) ein entschiedenes »Nein« entgegengerufen hat, da die Gesetze des Marktes nicht einmal die Probleme des Arbeits-Marktes haben lösen können.

Gedanken dieser Art nähren den Zweifel, ob wir Glück überhaupt erreichen können. Dieser Eindruck soll aber nicht erweckt werden, und deshalb soll dies Buch mit sechs Glücksbotschaften schließen:

1 Der chinesische Philosoph Laotse, der etwa ein halbes Jahrtausend vor Christi Geburt gelebt hat – das war auch die Zeit, als das Buch Hiob geschrieben wurde –, sagt:»Die Welt erobern und behandeln wollen – ich habe erlebt, dass das misslingt … Wer sie behandelt, verdirbt sie, wer sie festhalten will, verliert sie … Drum meidet der Berufne das Zusehr, das Zuviel, das Zugroß … Gewinnen oder verlieren: was ist schlimmer … Wer viel sammelt, verliert notwendig Wichtiges. Wer sich genügen lässet, kommt nicht in Schande.«
2 »Zu sehr, zu viel, zu groß« ist ein Lebensplan, der uns das

Unglück dieser Welt aufbürdet. Was wir können, ist: dieser Welt das eigene Leben mit all seiner Brüchigkeit, aber auch mit all seinem Glück entgegenzustellen. Das ist die Botschaft des optimistischen Skeptikers Ulrich Beck.

3 Weltverbesserer sollten wir nicht sein. Schon ein anderer Skeptiker, der 1646 geborene Naturwissenschaftler, Diplomat und Philosoph Gottfried Wilhelm Leibniz, hat diesen Wahn von eigener Größe vom Tisch gewischt mit seinem Wort: »Dies ist die beste aller Welten.« Auch Leibniz verweist uns auf das für jeden Einzelnen Erreichbare, und das ist: auf die Gefahren dieser Welt, die Bedrohungen der Freiheit, die lebenszerstörende Armut nicht zynisch reagieren, nicht resignieren, sondern ihnen privates, persönliches Glück entgegensetzen. Und keine Weltformeln und Menschheitsverbesserungs-Pläne.

4 Wie dieses Glück entstehen kann, das zeigt das allen bekannte Märchen vom »Hans im Glück«, der den redlich verdienten Goldklumpen beschwerlich fand und ihn auf dem Weg aus der Fremde zurück nach Hause eintauschte: zuerst in ein Pferd, dann in eine Kuh, und schließlich, im letzten Dorf vor seiner Heimat, machte er sich auch von seinem letzten Besitz frei.

Geld allein macht zwar noch nicht unglücklich, wohl aber Besitz, der uns drückt, weil er unser Leben nicht bereichert. Viel geistiger Besitz gehört ebenfalls hierher.

Wie kommt das Glück in unser Gesicht?

5 Die Psychologie hat in den letzten Jahren hierzu etwas Wesentliches erkannt. Sie hat einen Zustand des Bewusstseins beschrieben, der »Flow« genannt wird. Fragt man Menschen, wann Sie Glück erfahren haben, erinnern sie sich an solche Flow-Zustände.

6 Nicht jedes Tun ist damit gerechtfertigt. Auch der böse Mensch kann »Flow«-Zustände erleben.

Aber wer im »Flow« Glück erreicht, welches womöglich auf andere überspringt – ohne dass Dritte davon geschädigt werden –, der ist dem Glück nahe.

Und dieses Glück dem Elend der Welt entgegenzusetzen, das trägt mehr zum Glück dieser Erde bei, als wenn der Mensch die ganze Welt gewänne ...

Lernziel Positive Emotionen

Zwei längere Zitate sollen dieses Buch beschließen – Formulierungen zu den drei immer wieder genannten positiven Emotionen Freude, Zufriedenheit und Interesse am Leben:

Lernziel: Freude. In Schillers Ode an die Freude wird die Menschen-verbindende Kraft dieser positiven Emotion benannt:

Freude schöner Götterfunken
Tochter aus Elysium
Wir betreten feuertrunken
Himmlische, dein Heiligtum
Deine Zauber binden wieder
Was der Mode längst enteilt.
Alle Menschen werden Brüder ...

Lernziel: Interesse am Leben. In seiner Psychologie nennt Erich Fromm die reife Persönlichkeit »produktiv«. Er stellt den Sinn des menschlichen Tuns für sein Leben in den Mittelpunkt. »Produktiv« zu leben, das bedeutet nichts weniger als »schaffe, schaffe, Häusle baue«, es hat zu tun mit dem Anerkennen der Tatsache, dass unser Leben nie die propagierte Bauspar-Sicherheit erreichen kann.

Anklänge an Goethes »Nicht sicher zwar, doch tätig frei zu wohnen« sind hörbar, sind von Fromm auch bewusst intendiert. Und dieser Satz steht immerhin am Ende des zweiten Teils des »Faust«, jenes großen Werkes der Erlösung eines Menschen, der seine Seele dem Teufel verpfändet hatte, das Pfand verlor, aber dennoch gerettet wurde. Faust hat »seinen Platz« dort gefunden, wo Menschen – dem Geist jener Zeit entsprechend – eine der größten Herausforderungen angenommen hatten: bei der Schaffung von neuem Land, das dem Meer abgerungen wurde – einer der größten den Menschen bedrohenden Gewalten.

Lernziel: Zufriedenheit. Mit anderen Menschen in produktivem Tun verbunden zu sein, das brachte die Erlösung, gab Faust das entscheidende Wort: »Zum Augenblicke dürft ich sagen: Verweile doch, du bist so schön!« Dies bedeutet eine Abkehr vom Suchen, Streben, Wollen, vom Phantasie- und Wunschdenken. All das, was den Menschen auszeichnet, löst sich auf in seinem »produktiven« Tun. Eine längere Textpassage hierüber zu lesen, lohnt. Denn auf der Suche nach »der Weisheit letztem Schluss« hatte Faust ja – wie im bekannten Prolog zum Faust I gesagt – zuvor nun »Ach, Philosophie (oder war es Psychologie?), Juristerei und Medizin, und, leider auch, Theologie durchaus studiert mit heißem Bemüh'n«. Doch da stand er nun, der arme Tor, und so klug als wie zuvor. Das Erlösungsmotiv aber zeigt die menschliche Klugheit:

Eröffn' ich Räume viele Millionen,
Nicht sicher zwar, doch tätig-frei zu wohnen.
Grün das Gefilde, fruchtbar: Mensch und Herde,
Sogleich behaglich auf der neuen Erde,
Gleich angesiedelt an des Hügels Kraft,
Den aufgewälzt kühn-emsige Völkerschaft.
Im Innern hier ein paradiesisch Land.
Da rase draußen Flut bis auf zum Rand,
Und wie sie nascht, gewaltsam einzuschießen,
Gemeindrang eilt, die Lücke zu verschließen.
Ja! Diesem Sinne bin ich ganz ergeben,
Das ist der Weisheit letzter Schluß:
Nur der verdient sich Freiheit wie das Leben,
Der täglich sie erobern muß.
Und so verbringt, umrungen von Gefahr,
Hier Kindheit, Mann und Greis sein tüchtig Jahr.
Solch ein Gewimmel möcht ich sehn,
Auf freiem Grund mit freiem Volke stehn.
Zum Augenblicke dürft ich sagen:
Verweile doch, du bist so schön!
Es kann die Spur von meinen Erdentagen
Nicht in Äonen untergehn, –
Im Vorgefühl von solchem hohen Glück
Genieß' ich jetzt den höchsten Augenblick.

Anmerkungen

1 Quelle: Is youth violence just another fact of life? (Ist Jugendgewalt schlicht eine Lebenstatsache?) Rat gegen Jugendgewalt, herausgegeben von der APA (American Psychological Association, der US-amerikanische Psychologen-Verband. www.apa.org).

2 A. a. O.

3 A. a. O.

4 Quelle: APA Monitor, Juni 2000.

5 Quelle: Martin Seligman, zitiert in Elle Magazine (US-Ausgabe), Dezember 1998.

6 A. a. O.

7 A. a. O.

8 Quelle: Das Große Handbuch der seelischen Gesundheit. Beltz 1966.

9 Quelle: Entwicklungspsychopathologie des Kindes- und Jugendalters. Beltz 1996.

10 Quelle: Nordwest Zeitung Oldenburg, 21.9.2000.

11 A. a. O.

12 Quelle: Pessemitteilung der APA, 3. 9. 2000.

13 Beschrieben in Vance Packards Bestseller »The hidden Persuaders«, 1957 – wörtlich: »Die verborgenen Überreder«, aber der deutsche Verlag gab Vance Packards Buch über die schöne neue Welt des Marketing den werbewirksamen Titel »Die geheimen Verführer« mit auf den Erfolgsweg.

14 Als Tipp für Daum: Die Frauen-Fußballmannschaft der USA, Gewinner der Goldmedaille bei den Olympischen Spielen in Australien, ist von einer Sportpsychologin betreut worden, Dr. Colleen Hacker. Ihre Methode, so Teammitglied Brandi Chastain: »Colleen hat uns selbstkritischer gemacht«, und so ist das Team, wie USA Today schreibt, fleißiger geworden. (Quelle: APA Monitor, 11/1999)

15 Der Name »Csikszentmihalyi« wird wie »Tschik-ßent-mihalji« ausgesprochen – und wie in Ungarn üblich mit Betonung auf der ersten Silbe, also auf »tschik«. Csik ist eine ungarische Stadt, »szent« heißt »sankt« (wie bei St. Pauli), und »mihalyi« steht für den Namen Michael. Der Name heißt also so viel wie »der Heilige Michael aus Csik«.

16 Eine Schilderung gesundheitspsychologischer Angebote finden Sie in Schriften des Berufsverbandes Deutscher Psychologen (Tel. 0228/987310) – zusammengefasst in Siegfried Brockert: Psychotherapieführer. Knaur TB 2000.

17 The Positive Thinkers, 1988, Wesleyan University Press. Zitiert nach Christopher Peterson, The Future of Optimism. American Psychologist 1/2000.

18 The Funds, Friends and Faith of Happy People. American Psychologist 1/2000.

19 Etwa in »The Managerial Choice – How to be Efficient and be Human«, Dow Jones-Irwin, 1976. Herzberg darf, das sagt der Titel seines Buches, zu den »Positiven Psychologen« gerechnet werden – lange bevor jemand dieses Wort gebraucht hat.

20 Kaufsucht, Report Psychologie 11–12/1999.

21 Journal of Marriage and the Family, Vol. 57.

22 Zitiert nach Götz Kockott, Die Sexualität des Menschen. Beck 1995.

23 Zitiert nach: Neue Themen aus den Human- und Sozialwissenschaften. Beltz 1996.

24 Götz Kockott, Die Sexualität des Menschen. Beck 1995.

25 Human Nature: An Interdisciplinary Biosocial Perspective 1/1995.

26 A new Stress Paradigm for Women. Forschungsbericht in APA Monitor 7/2000

27 Zitiert nach: Neue Themen aus den Human- und Sozialwissenschaften. Beltz 1996.

28 Rücksicht versus Brutalität. Kognitiv-emotionale Bedingungen inhumanen Handelns. Vortrag auf dem 20. Kongress für Angewandte Psychologie, 8.-10. Oktober 1999, Freie Universität Berlin.

29 Peter Schellenbaum, Abschied von der Selbstzerstörung, Kreuz Verlag 1987.

30 Zitiert nach David M. Buss, The Evolution of Happiness. American Psychologist, 1/2000.

31 A. a. O.

32 Zitiert nach: Neue Themen aus den Human- und Sozialwissenschaften. Beltz 1996.

33 Siehe u. a. S. Schachter et al., Cognitive, social and physiological determinants of cognitive state. Psychological Review 1962.

34 John Gottman, Kinder brauchen emotionale Intelligenz, Diana 1997.

35 Stephan Hoyndorf, Marion Reinhold und Fred Christmann, Behandlung sexueller Störungen, Psychologie Verlags Union 1995.

36 Journal of Social and Personal Relationships 2/1995.

37 Peter R. Hofstätter, Persönlichkeitsforschung. Kröner 1977.

38 Daniel Goleman, Emotionale Intelligenz. Hanser 1995.

39 Siehe Anmerkung 34.

40 PRISMA, Zeitschrift der Gesamthochschule Kassel, 1996.

41 Cultivating Positive Emotions to Optimize Health an Well-being. Prevention & Treatment 1/2000.

42 Christopher Peterson, The Future of Optimism. American Psychologist 1/2000.

43 Sigmund Freud, Die Zukunft einer Illusion, 1927.

44 Martin Seligman, Learned Optimism. A. A. Knopf 1991.

45 Zitiert nach Erich Fromm, Psychoanalyse und Ethik, 1954.

46 Longevity 3/1996.

47 Zitiert nach: Neue Themen aus den Human- und Sozialwissenschaften. Beltz 1996.

48 Sexualmedizin 2/1996.

49 Report Psychologie 11–12/1996.

50 Zitiert nach: Neue Themen aus den Human- und Sozialwissenschaften. Beltz 1995.

51 Williams et al., Type-A-behavior, hostility and coronary atherosclerosis, Psychosomatic Medicine 42, 539–549.

52 Vgl. Siegfried Brockert, Beruf und Karriere. Moewig 1992.

53 Siehe Anmerkung 34.

54 Journal of Sex & Maritial Therapy 3/1995.

55 Time & Society, Vol. 5, 1/1996.

56 Annals of The American Academy 5/1995, Sonderausgabe über »Angst und Gewalt«.

57 Pastoral Psychology 3/1996.

58 Siehe u. a. Berichtband des 20. Kongresses für Angewandte Psychologie in Berlin 1999.

59 Family Relations 10/1995.

60 Beltz Quadriga 1995.

61 Zitiert nach: Neue Themen aus den Human- und Sozialwissenschaften. Beltz 1996.

62 Ludwig Marcuse, Philosophie des Glücks, 1962.

63 Nach neuer Rechtschreibung: Quäntchen, denn diese alte deutsche Maßeinheit, etwa 1,67 Gramm, leitet sich vom Lateinischen quantum ab.